盛世中国·大收藏文库

总主编　方立平
总顾问　祝君波　吴元浩

淘瓷考辨览要

742件实样
非语言符号图解

许国良　吴元浩　著

上海三联书店

作者简介

　　许国良（左），1959年2月生，祖籍浙江绍兴。高级经济师、高级政工师，上海文化用品行业协会会长。

　　吴元浩（右），1955年9月生，祖籍江苏常州。现任《检察风云》杂志社总编辑。上海市收藏协会顾问。著有《地摊淘瓷777天——手记与实样图解》一书。

总序一

祝君波 *Junbo Zhu*

上海市新闻出版局副局长
上海世界华人收藏家大会组委会执行副主任
Deputy Director-General of Shanghai Press &Publication Bureau
Executive Vice Director of the Organizing Committee of the Chinese
Collectors Convention

　　中国自古有乱世藏金、盛世藏宝的说法，用这一二十年的形势来验证，此话不假。乱世对文物的破坏往往严重，待盛世再得以重修山河，把失散的文物慢慢聚起来，传之于后世。改革开放三十余年，国泰民安，经济发展，对文物和艺术品收藏的保护与重视，为历代历朝所罕见。

　　收藏的要义并不在商业。以中华民族的历史传承而言，典籍文字是一条文脉，而藏品又是另一条文脉。各地的博物馆、美术馆以及私人收藏的展示，大致可以看到文物这一文明的物证，正在发挥着越来越重要的作用。收藏品是人类文明的物证，收藏家是人类文明物证的守护神，这话已成社会共识。比如上海世博会解读"城市，让生活更美好"，我们推出的最吸引海内外受众的还是宋代的《清明上河图》，因为这幅作品的内涵远远不只是绘画、艺术、造型这些元素，它释放出的信息涵盖了当时的整个繁华的城市结构。交通、运输、城市、建筑、街道、商店、人物、服饰，应有尽有。在没有照相机的时代，这幅画留存下来的意义是难以言表的。而这幅画900余年的传承，只有200余年在官府内，其余700余年均在民间辗转，保存至今，最好地解读了收藏的不易和要紧。

　　又如青铜器，放在博物馆被人们当作艺术品。这当然是非常恰当的。青铜器是造型艺术，集中了早先的造型、纹饰、人们的宗教意识和对美的认知。但青铜器又是科学技术的物证，它证明了中华民族在夏商周时代冶金技术的发达程度。青铜是锡和铜的合金，冶炼、制范、浇铸等一系列工艺，被李约瑟先生写入《中国科技史》。青铜器还是中华汉字的一个重要载体，甲骨文以后，青铜器上的铭文钟鼎文（又称金文），更规范、更清晰，而且记事状物的文字篇幅更长，更成熟，成为后世研究历史、艺术和科学的重要依据。所以，收藏青铜器，是收藏中华民族先祖的综合记忆。

　　由此，我们知道收藏不是小事，收藏是为民族保护文化，薪火传承，起到教化的作用。其次，人们通过与收藏品零距离的接触，通过学习、欣赏、感悟，可达到提高修养，净化灵魂的作用。西人说学科学以求真，信宗教以求善，学艺术以求美，于收藏而言，是有道理的。很多人通过收藏，得到了提升，人的境界发生了变化。当然，今天的收藏更多地由投资拉动，讲究保值增值和投资回报率，这也无可厚非，但千万不要舍本求末，把最重要的功能和意义忘记了。

近几年，笔者参与世界华人收藏家大会的筹办，每两年组织一次全球华人收藏家聚会和交流，从中看到华人收藏家代代相传，生生不息，深感民族有幸，是希望之所在。从张伯驹先生、徐悲鸿先生到刘海粟先生，很多人都将自己的珍藏无私捐献给国家。时过境迁，更有私家收藏创办私立博物馆和美术馆，开风气之先，实属难能可贵。

收藏是一项事业，也是一项专业。所以，以研究和出版的方式对收藏加以总结、研究、介绍和交流，是现代文明的一项很重要的工作。古人囿于当时的时空，收藏往往以藏为主，以独乐为主；今人在全球化的时代，收藏家的胸怀更为宽广，视野更为开阔，故将收藏品和收藏心得公之于众，变"独乐"为"众乐"，也是一大进步和时尚。今由海上资深出版人方立平兄创意组稿"盛世中国·大收藏文库"，由上海三联出版社出版，笔者以为是在为藏界做一件有意义的工作，相信这套书的出版，以一种大收藏的视野展示收藏文化，传播文明，嘉惠后辈，确实善莫大焉，故特向读者诸君推荐。

祝君波

二〇一三年七月

总序二

方立平 *Liping Fang*

资深出版人，编审，《盛世中国·大收藏文库》总主编
Senior Publisher
Senior Editor
Editor-in-chief of Flourishing Age of Chinese Collection Library

　　这套"盛世中国·大收藏文库"推介的每部"考辨"图书都可以成为当今收藏爱好者正确完成鉴藏行为的真正的"听君一席话，胜读十年书"的"导师"，这一点我会承诺。

　　策动主编这么套"大收藏"，有两个动因：其一是，三十年盛世，"盛世藏宝"风起云涌，至今便进入"拐点"：造假日盛，屏幕上"识宝"真假混杂，大有"指鹿为马"遗风；拍卖行"以假乱真"，频频将假货认作真品拍，以至于司法纠纷不断。孰真孰假，让藏宝的人们束手无策。总该有人出来扭转一下这种局面。其二是，当人们努力想破解"真假奥秘"，却发现原先的一些导读书竟很不顶用。我归过类，至今能看到的鉴藏类图书数以万计，却不外乎三类：一类是名品"图说"，这类因靠着"博物馆"背景就藏品论规格是高的，但离民间大收藏距离很远；而且，著述者因缺了藏者过程中"甜酸苦辣"的体悟，读起来总觉得是"纸上谈兵"；第二类是藏家自费出的个人藏品图册，这其中藏品的问题就多了，有的藏者还打着"另类算盘"，出图册后连同假货高价卖掉。因此，祝君波兄就告诉过我，一些大出版社已拒出这类书。第三类书是因作者"眼力"不够，也没有"学术精神"，写书博名而已，也只能是些东抄西凑"自欺欺人"的东西。对想学"鉴藏之道"，拿"肉里分"参与收藏的人来讲，又怎可将此当真。那是要吃药的。要知道，国人收藏，虽已推出高潮，但仍只属"初级阶段"，早先的一些鉴赏"大师"、"名角"，其实多半是瞧着收藏界"世事不明"，靠"一知"、"半解"，就混了个"脸熟"。但总不能一直"唬人"下去。中国盛世，且进入"鼎盛"，为更多收藏者考虑，这种"一知"、"半解"的误人子弟者也得"洗牌"，"大师"也得更新换代。而从图书出版角度看，我们便更有责任做些新的"发现"工作，将真正的能成为新一代"导师"的"鉴藏真人"鉴定出来，让他们到我们这套"大收藏"论坛上来作"主题发言"。

　　让我深感欣慰的是，民间确有"真人"，三十年盛世，三十年在真假藏品堆里"跌打滚爬"，能淘宝，会捡漏的高人已经现身；而且有些人还完全以做学问的态度进行收藏行为，他们先是"摸着石头过河"，边查文献边考辨藏品；进而如痴淘宝，有些痴迷举措不便细说，但就双休日总出现在各淘宝古董摊的勤勉劲便已值得称道；再进而由衷地开始著书立说，再再进而，便生就要"藏宝还民"，要创办民间博物馆，如君波兄序文中说的，变"独乐"为"众乐"了。我们这套"大收藏"推介的第一批作者吴元浩、许国良、陈百华、胡建华、张斌等就是这类"领军人物"。吴元浩兄每个双休日总挤出时间与叶福芳、许国良去各地"藏宝楼"淘瓷。元浩兄说得好：我淘的瓷器，不卖不送，就等着退休后搞个博物馆。陈百华与胡建华等的夏禹艺术馆则已经开办，他们以古陶为专题的展示馆一定是会惊动海内外。最难得的是，他们对藏品考辨的新见解新理论具有划时代意义，如这次"大收藏"中的《淘瓷考辨览要》中概括出"非语言符号"识别各代古瓷器的考辨体系，《古陶考辨与收藏》中对新石器至秦汉时期典型器考辨的诸多精辟论断堪称是"创举"，必将带动新一轮盛世年代的民间中国"大收藏"。也正是从他们身上，我为"盛世中国·大收藏文库"选定了作者，并提炼出新一代鉴藏"领军人物"的"三元素"，即：一定是身体力行参与鉴藏行动，藏品有公众口碑；一定有"学术精神"，并萌生理论体系；一定有被人称道的鉴赏"定力"。有这"三元素"，入收藏，便成收藏大家；入鉴定，便是鉴定大家；著书立说，为人导师，自不在话下了。

现在需要说说这套"盛世中国·大收藏文库"的著述特点：其特征一是"图文并说"，图是要典型器；"说"便要求"字字珠玑"，即杜绝"废话"、"虚言"，"文风"、"图风"，均让人能"一目了然"也，让人在"了然"中体悟"真经一张纸"的妙处。其二是著述均需选择"纵"、"横"双向座标文化构成的文本框架，其间之"纵"，即是有可能的话，均让作者从自己藏品中选出100件主题典型器，每件配写一段"藏品考辨"，连起来读，可闻千年历史风云呼呼作声，而各时期考辨特征又（图）形象生动、（文）深入有力地一展眼前，读者自容易识别不同时期、地域之器物差异；其间之"横"，即是希望著述者能一方面将主题藏品的多种特色与细部剖析出来，一方面围绕主体藏品配选来自博物馆的同类器物图片以比对；这自然还不够，还希望作者能将藏品在市场流通过程中"得与失"的经验毫不保留地告诫天下。从而将"一人之悟"化为"众人之悟"。诸读者以为如何？

经过两年的运作，现在这套"盛世中国·大收藏文库"陆续要与读者见面了，并在2013年8月上海全国书展首发。特别高兴的是，我们的"大收藏"还请到世界华人收藏家大会的执行副主任、上海新闻出版局副局长（正局级）祝君波兄和《检察风云》总编辑、最具收藏理论素养的鉴定家吴元浩兄担任总顾问。

盛世年代盛世收藏，已不再是少数人的特权，而是更多人都可量力参与的行为。只要"用心"，又识得好的"领路人"，"平民"中自也可杀将出卓有成就的收藏大家来。我们的这套"盛世中国·大收藏文库"从某种意义上说，正是专为广大平民收藏爱好者设计打造的"导师"；我们期望，千载难逢的"盛世中国"，能诞生更多的"平民收藏家"和"平民鉴定家"来，化"盛世藏宝"为"藏宝盛世"。对于我自己而言，我想说，我能尽力的则是，为能给读者推介更多的"导师"而努力地先做一番对"鉴定家"鉴定的寻访。

方立军

二〇一三年七月

代自序：探求陶瓷非语言符号的内涵

许国良　吴元浩

　　纵观古今陶瓷器，展现的就是一部文化史。我们会碰到这样的情况，去参观古陶展，只是远远一看就明白："噢，这是马家窑文化的陶器；这是龙山文化的陶器。"不熟悉陶瓷器的朋友会问，你隔窗观望，没有上手，你怎么会知道？实际上展品的器型和器表装饰上的一些非语言符号，已经给了我们很明确的断代提示。语言是人类最重要的交际工具，是人们沟通交流的表达符号。语言有语言符号，也有非语言符号，"今天天气很好"这是双方见面时，语言交流的内容。我们出门遇到马路上亮起了红灯，让我们禁止通行，这是以视觉符号为信息载体的符号系统给我们的安全提示。语言是人类最重要的符号系统，颜色符号不以人工创制的自然语言为标志，但是同样在日常传播活动中扮演着不可或缺的角色。

　　那么，陶瓷器的千变万化是否都可以用文字来描述呢？其中具象的物体是可以用自然语言和文字表述的，但是表象的变化，绝非用文字描述能够说得明白。综合留存的表象状态信息，它也绝非是一种子虚乌有的形态，也构成完整的符号系统，而识别这个符号系统更多的是运用视觉、听觉、触觉、嗅觉、指叩、掂量等方法，通过这些识别方法获得的提示，也是提供给我们作出鉴定结论的客观依据。如果我们把陶瓷器比喻为一件旗袍的话，那么这陶瓷的胎，就是这件旗袍的面料；器型，就是旗袍的款式；器表装饰就是旗袍的颜色和图案花纹。旗袍由历史上满族妇女的长袍演变而来，1840年鸦片战争以后，长袍融入了西洋服装的审美观，款式也逐渐发生了变化，形成了现代的旗袍。它从长袖、短袖到无袖；它从高领、低领到无领等等。这种变化的动力来源于追求时尚的审美观，旗袍的变化尚且这样，陶瓷器的变化更是如此。一件陶瓷器就是一个综合信息载体，承载着一些很难用语言表达清楚的内容。以下以视觉符号为例。

　　器型。器型的演变是一门学问，在考古学中叫"类型学"。器型的形态变化是可以用语言叙述的，但是它的神态变化，例如明代时期的造型，正如耿宝昌先生所言，一般都显丰满、深厚、古朴，器型线条柔和、圆润，给人以质朴、庄重之感。那么什么是丰满、深厚？什么是柔和、圆润？它应该是和其他朝代不具此神态特点的器型比较而得出的结论，是大量的不同器型对比的结果，而能得出这样的结论，则需要经验的积累和比较。

　　器表装饰。古代陶瓷这件"旗袍"，它有三种不同的花式品种。一种是用"塑、刻、印"技法的品种，指的是在成型的瓷胎坯体上采用刻画、印纹、堆塑等技法或再涂上不同的颜色釉，在"面料"上直接进行的装饰；一种是"色釉"品种，是指在"面料"成型以后，用含有金属氧化物呈色剂的釉料，对"面料"表面进行"染色"；一种是"彩绘"品种，是指在成型的瓷胎坯体或经过高温烧成的瓷器表面，用含有金属氧化物的矿物彩料进行绘画装饰。所有的装饰必有其含意，意态呈现的恰恰是文化属性，而在瓷器鉴赏中的意态信息，更多的是体会或意会不同历史阶段所表现的文化内容。

　　器型和器表装饰的整体效果是追求时尚的结果。例如北宋影青瓷它追求的是釉色如玉的釉色和刻画剔透的视觉效果；南宋的吉州窑褐釉叶纹装饰，追求的是叶脉的观赏效果；明代永乐的白釉产品，它追求的是暗刻纹的呈现效果；而清代的彩绘更注重凸显图案的精美等等。这些都构成了非语言符号中的丰富内容。就鉴赏一种古陶瓷器而言，这些符号有的可以通过自然语言的描述来表达，而有的则是个人对符号的识别记忆，是经验和感觉认识积累范畴的内容。

　　色差。器表都有色,各类器表装饰颜色会有差异，同一时期的相同产品，都会呈现不同的色差。陶瓷器的呈色是可以用语言来描述的，因为颜色来源于材料的化学成分以及烧制的温度，它们之间的差异，哪怕是细微的差异，都可以作出器表的分析。表象的变化，例如它们来源于不同的使用环境，不同地区的窑场、出土的、海捞的、外销回流的商品、家传的等等，它们各自形成的"色差"，呈现给我们视觉系统的是不同的识别符号，有的就很难用文字语言来说明。

色泽。色泽的"色"反映的是颜色，"泽"反映的是亮度。色是光作用于物体的反射，通过视觉产生的印象；泽是光作用物体的亮度。同一件物体由于摆放的位置不同，都会在颜色和亮度上发生变化。例如你家里有一套茶杯，几个用了，有几个没有用，使用过的和没有使用的，色泽就会有变化，直观的感觉是用过的旧了，没有用过的还是新的。带给你这种视觉识别的符号就是色泽，每一件陶瓷器都会有不同的色泽。

缺陷。不同历史时期使用的工具、烧造方法、釉料等工艺均有不同，与现代产品相比较，都会带有工艺上的"缺陷"。"缺陷"有的带有普遍性，有的带有阶段性或特殊性。例如古代陶瓷的器型不规整，带有普遍性，因为这都是手工制作的原因，手能够做出"精湛"的工艺品，但它做不出统一标准的产品。瓷器表釉上有缩釉点，也带有普遍性，这是因为稍不注意，釉面留下细小的污渍就会产生缩釉点。而更多的产品"缺陷"是阶段性的，垂釉就是阶段性的特征，它是和一个历史阶段使用釉的配料有关系，用石灰釉材料的产品，由于石灰釉黏度较小，易于流动，容易形成垂釉的现象。橘皮釉也是阶段性的特征，例如明代宣德景德镇生产的瓷器，其釉面的特点就是橘皮纹；清代雍正景德镇生产的瓷器釉面细白莹润，也多仿有宣德橘皮纹，但是我们进一步细辨，宣德时期与雍正时期的橘皮纹之间也有区别。而更多产品的"缺陷"，是带有偶然性的，例如一对瓷瓶中的一只有些变形，窑裂、漏釉等这都是带有偶然性的缺陷。所有这些判断，我们也都需要这类符号的提示，才能加以识别。所以，我们主动去探察这些非语言符号所提示的内涵，就是要将这些看似独立但却相互关联的信息梳理清楚，熟悉它们之间非语言符号表达的内容，了解它们自己叙述的故事。

掌握陶瓷非语言符号的内涵，会带给我们三个方面的好处：

一是帮助断代。一件陶瓷器所反映的非语言符号信息，一经掌握了它们的真实内容，所做出的结论都应该是真实的、靠得住的结论。这些信息的好处在于，已给了你明确的断代指向。例如，明代的一只景德镇窑暗刻花白釉罐，是永乐朝还是嘉靖朝的，市场价格会差别很大，而区别的主要依据就是器型特征。市场上有句话叫"捡漏"，怎么会捡漏，别人判断不准，你看准了这就是捡漏。也就是说，你发现了别人都没有发现的价值，才能捡漏。所以对这些信息必须谙熟于心，学习识别非语言符号的过程，就是学会掌握鉴定方法最重要的途径。

二是帮助识货。敢不敢下手买陶瓷器关键在于识不识货。最尴尬的是看了一件藏品，说不清楚究竟"好"好在哪里，"不好"又不好在哪里。识货就是要"搞明白"，只有"搞明白"，才能敢买、敢收藏。这些信息会告诉你什么是"好"的，收藏的价值在哪里；什么是"不好"的，价值的泡沫在哪里，它会告诉你哪些更值得收藏。

三是有助于提高欣赏能力。器型可区分为以艺术表现为目的的造型和没有艺术表现意图的造型两种，还可依据是实用还是观赏目的的造型再加以区别。我们现在去古玩市场觅瓷，可见的多数是以实用为前提的造型，但尽管这样，仍不会妨碍我们依据它具有的美学意识的要素，加以欣赏并体会出不同时期文化背景和时尚情趣的变化。鉴定不等同于欣赏，鉴定只要求我们对艺术品的真与假作出判断和结论；欣赏还要求我们主观上要去努力培养对文化的认识，并升华为情感与意境的融合。正因为陶瓷器上的非语言符号，更能反映丰富的历史文化与完美形式的审美价值，那么，那个时代是一种怎么样的文化背景？在这些物体表象上反映出哪些不露斧凿痕迹的美的状态？能从中体会并获得这些丰富多彩的视觉享受，这就是欣赏。而摆在我们面前的关键是，要去探察然后读懂那些符号的真实含义。

目 录

二编
元明时期陶瓷器

三编
清代顺治至道光（1840年）时期的陶瓷器

四编
近代陶瓷器

淘瓷考辨

任何陶瓷器在制作过程中都有视觉美的追求，如果把陶瓷器比喻为一件衣服的话，那么陶瓷的器型就是衣服的款式，器型的演变也就是它的款式的演变，激发其『变』的动力，始终是人类追求时尚的审美意识的体现。所以我们在作釉饰分析的时候，一定要牢牢把握釉饰依附的主体——器型。

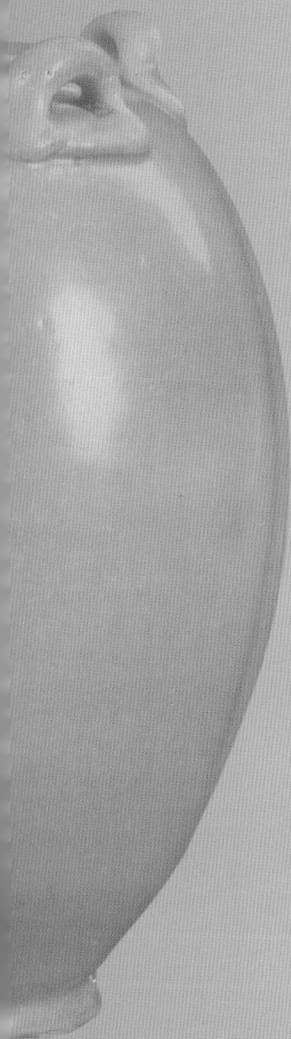

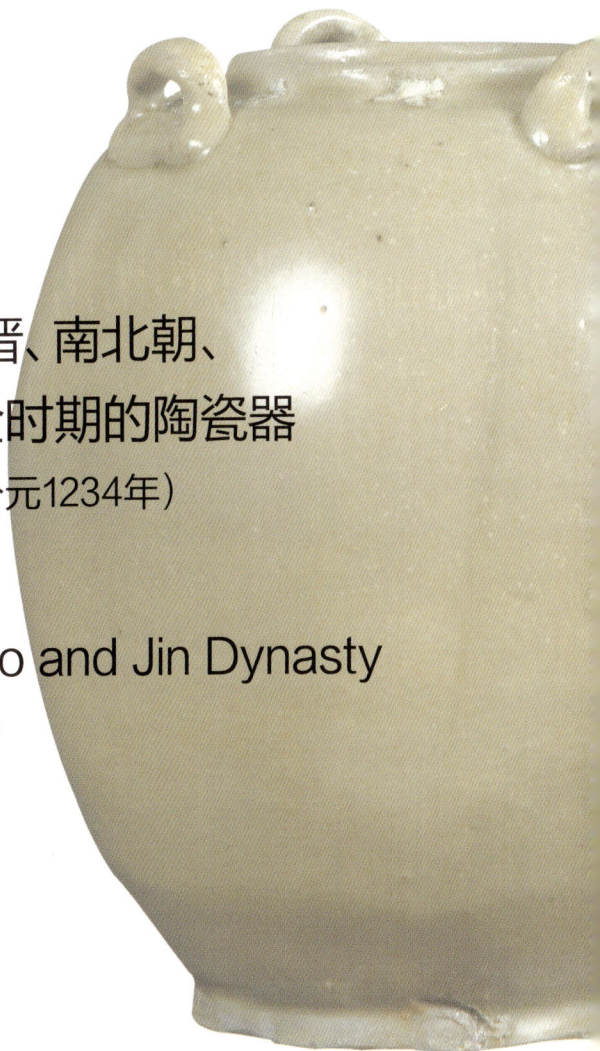

一编 西周、春秋、战国、汉、晋、南北朝、隋、唐、五代、北宋、南宋、辽金时期的陶瓷器

（西周至辽金：公元前1046年—公元1234年）

Chinaware in Westem zhou to Liao and Jin Dynasty

（1046BC—1234AD）

1.印纹锥刺纹双系盖罐
春秋（公元前770年-公元前476年）
高：11.4厘米
口径：6厘米
底径：6.5厘米
购买时间：2011年10月29日
购买地点：上海藏宝楼地摊
成交价格：1600.00元

2.菱格纹双耳尊
西周（公元前1046年-公元前770年）
高：8.7厘米
口径：8.2厘米
底径：5厘米
购买时间：2013年5月26日
购买地点：南京高淳老街商铺
成交价格：800.00元

[淘瓷考辨] 釉饰依附的主体——器型

任何陶瓷器在制作过程中都有视觉美的追求，如果把陶瓷器比喻为一件衣服的话，那么陶瓷的器型就是衣服的款式，器型的演变也就是它的款式的演变，激发其"变"的动力，始终是人类追求时尚的审美意识的体现。所以我们在作釉饰分析的时候，一定要牢牢把握釉饰依附的主体——器型。

3.弦纹罐
春秋（公元前770年-公元前476年）
高: 3.1厘米
口径: 7.6厘米
足径: 5.5厘米
购买时间: 2002年3月3日
购买地点: 南京清凉山公园地摊
购买价格: 150.00元

4.德清窑印纹硬陶双系罐
春秋（公元前770年-公元前476年）
高: 11.3厘米
口径: 7.7厘米
底径: 7厘米
购买时间: 2013年6月15日
购买地点: 上海藏宝楼商铺
成交价格: 3000.00元

5.印纹S形堆纹罐
春秋（公元前770年-公元前476年）
高: 10.5厘米
口径: 7.3厘米
底径: 7.2厘米
购买时间: 2011年10月29日
购买地点: 上海藏宝楼地摊
成交价格: 4000.00元

6.布纹双S形堆纹罐
春秋（公元前770年-公元前476年）
高: 11.4厘米
口径: 6厘米
底径: 6.5厘米
购买时间: 2002年1月12日
购买地点: 江苏溧阳古玩商铺
成交价格: 280.00元

实样览要

· 印纹硬陶的模印、刻画、堆贴的器表装饰

早期器表装饰是"浅"与"简"，说明器表装饰工艺的演变是刻划由浅入深；纹饰由简到繁。

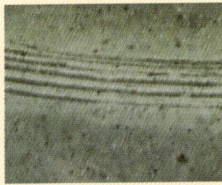

5.模印布纹　　　　3.划画弦纹　　　　1.刻画锥刺纹　　　　6.堆贴纹

7.火烧山窑双系卣
春秋（公元前770年－公元前476年）
高：34.5厘米
口径：25.5厘米
底径：19厘米
购买时间：2012年3月10日
购买地点：上海藏宝楼地摊
成交价格：1.8万元

[淘瓷考辨] 青釉在陶瓷发展中的贡献

青釉在商代早期的原始瓷器上已经出现，也是古代陶瓷器最早用的颜色釉。青釉是釉料中含有1-3%的铁为呈色剂，经高温还原气氛中呈现青、青黄和褐色等。青釉的贡献在于两点改变了陶瓷生产工艺中无釉的历史，釉作为新材料用于器表装饰，奠定了陶瓷装饰工艺发展的基础；在青瓷的基础上产生了黑瓷和白瓷。青釉的呈色取决于釉料中氧化铁的含量，含量在3%以下的烧成青瓷，偏高了就烧出酱色，偏低了就烧出青黄色。所以商周原始瓷器以青黄色釉为主，并伴有青绿、黄绿、绿色等釉色较杂并由于胎土提炼不纯，器表粗糙带有很多杂质，常可见芝麻点状。随着烧造技术的不断改进，晋代烧制出了胎釉结合紧密，釉面光洁的青釉瓷器。

8.弦纹索耳盂
西周（公元前1046年-公元前771年）
高：3.5厘米
口径：6.7厘米
足径：4.7厘米
购买时间：2013年5月25日
购买地点：南京南艺后街地摊
成交价格：1800.00元

9.弦纹盂
西周（公元前1046年-公元前771年）
高：3.3厘米
口径：5.9厘米
足径：4.1厘米
购买时间：2000年3月19日
购买地点：杭州二百古玩地摊
成交价格：80.00元

10.弦纹簋
西周（公元前1046年-公元前771年）
高：4.2厘米
口径：9厘米
足径：5.3厘米
购买时间：2002年8月11日
购买地点：江苏溧阳古玩商铺
成交价格：100.00元

11.插管
西周（公元前1046年-公元前771年）
高：6.3厘米
口径：3.2厘米
足径：4.5厘米
购买时间：2001年4月8日
购买地点：嘉兴花鸟市场地摊
成交价格：10.00元

实样览要

·材料由粗到细体现了工艺的进步

釉质粗糙向釉质细腻匀润、玻光感强发展，同时也呈现了胎釉疏松，向胎釉结合紧密的变化。

9.西周青釉色易剥落

11.西周青釉伴有杂质

7.春秋青釉青翠匀润

12.战国青釉玻光感强

12.盖碗
战国（公元前475年-公元前221年）
高：9厘米
口径：12.5厘米
底径：5.7厘米
购买时间：2011年10月29日
购买地点：上海藏宝楼地摊
成交价格：2500.00元

13.德清窑原始瓷青黄釉盖杯
战国（公元前475年-公元前221年）
高：8.6厘米
口径：11.3厘米
底径：5.8厘米
购买时间：2013年6月15日
购买地点：上海藏宝楼商铺
成交价格：2000.00元

[陶瓷考辨] 器表纹饰的种类

器表纹饰有三种不同的装饰技法："刻、印、塑"技法，指的是在成型的瓷胎坯体上采用的刻画、印纹、堆塑等技法或再涂上不同的颜色釉，在坯体上直接进行的装饰；色釉技法，是指在成型的瓷胎上，用含有金属氧化物着色剂的釉料，对器表进行装饰；彩绘技法，是指在成型的瓷胎坯体或经过高温烧成的瓷器表面，用含有金属氧化物的矿物彩料的绘画装饰。

14.折肩钵
战国（公元前475年-公元前221年）
高: 6厘米
口径: 16.7厘米
底径: 9厘米
购买时间: 2013年5月25日
购买地点: 南京南艺后街地摊
成交价格: 1200.00元

15.碗
春秋（公元前770年-公元前476年）
高: 4.3厘米
口径: 12厘米
底径: 7厘米
购买时间: 2001年1月7日
购买地点: 嘉兴花鸟市场地摊
成交价格: 80.00元（三只）

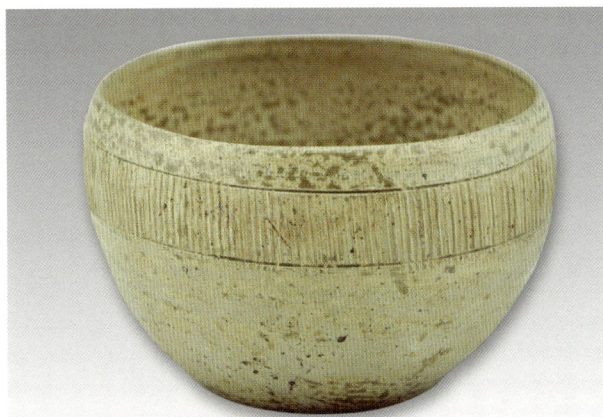

16.杯
战国（公元前475年-公元前221年）
高: 8厘米
口径: 9.7厘米
底径: 5.3厘米
购买时间: 2005年11月6日
购买地点: 上海藏宝楼地摊
成交价格: 80.00元

17.直条纹杯
战国（公元前475年-公元前221年）
高: 6.6厘米
口径: 12厘米
底径: 5.6厘米
购买时间: 2013年5月26日
购买地点: 南京南艺后街地摊
成交价格: 1600.00元

实样览要

·原始瓷的成型工艺

最早的原始瓷成型工艺，从捏塑、泥条盘筑到轮制拉坯，拉坯工艺使器形规整，胎体厚薄匀称。

11.西周捏塑　　　15.春秋拍制　　　12.战国泥条盘筑　　　16.战国轮制

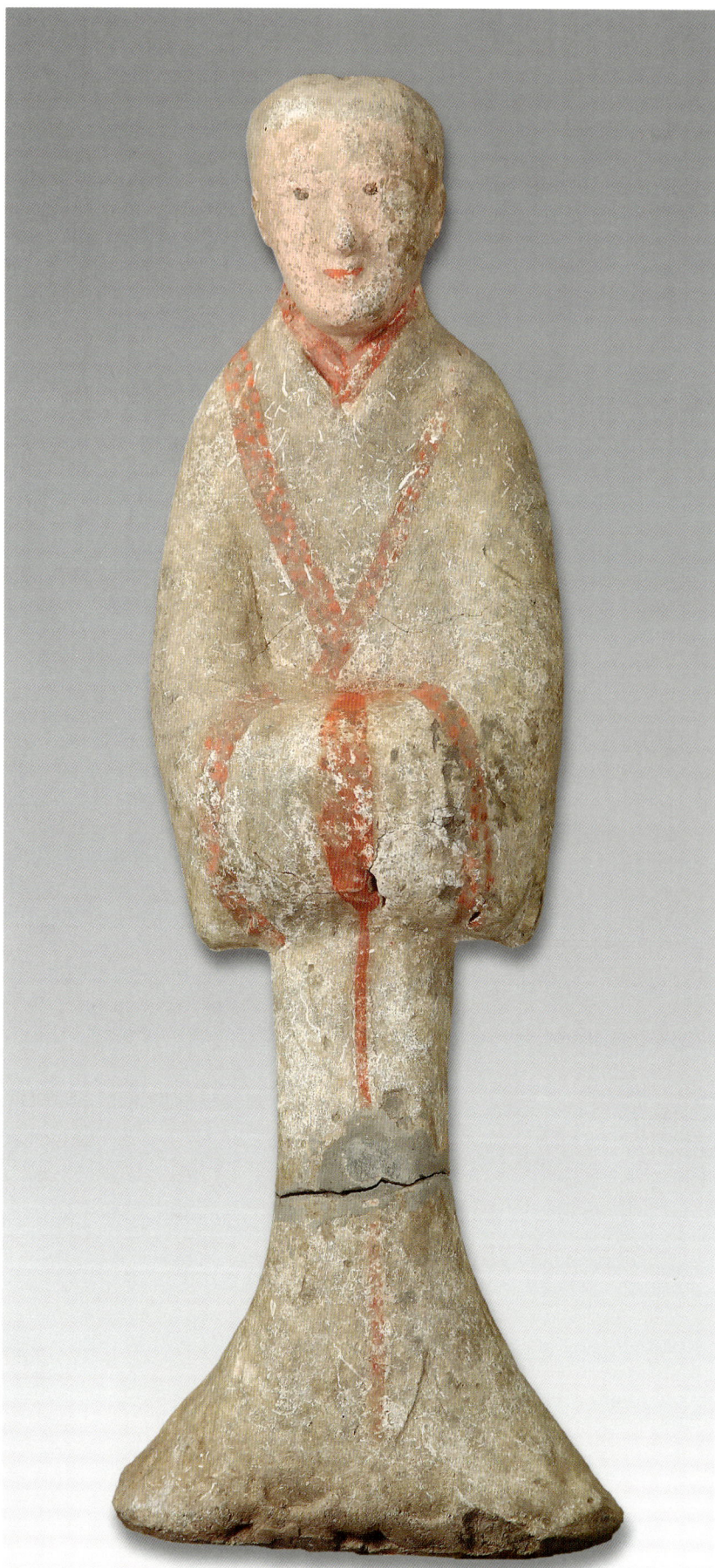

18.彩绘陶俑
西汉（公元前206－公元8年）
高：26厘米
购买时间：1999年7月2日
购买地点：西安朱雀门古玩商铺
成交价格：2800.00元

[淘瓷考辨]

从青瓷演变而来的黑釉

东汉时期已有黑釉，黑釉的创制晚于青釉，其釉材与青釉类同，都是以氧化铁为主要色剂。黑瓷原非纯黑釉，出现的早期为黑褐色或暗褐色，这种现象应该是烧制青瓷时配料中多加了铁物质所致。东汉时期，成熟的黑釉瓷在越窑烧制成功，从出土器物看，已达到较高的水平，为以后各类单色釉的出现积累了经验。

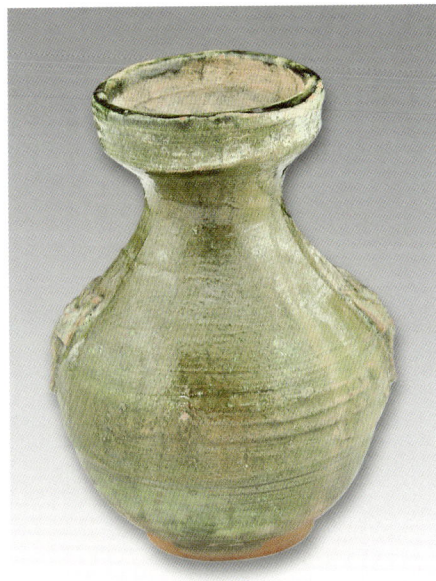

19.双系弦纹蒜头瓶
西汉（公元前206年-公元8年）
高: 12厘米
口径: 5.5厘米
底径: 6厘米
购买时间: 2007年5月20日
购买地点: 上海藏宝楼地摊
成交价格: 600.00元

20.北方窑绿釉铺首盘口壶
东汉（公元25-220年）
高: 12厘米
口径: 6厘米
底径: 4.6厘米
购买时间: 2012年3月10日
购买地点: 上海藏宝楼地摊
购买价格: 400.00元

21.泥质红陶猪俑
东汉（公元25-220年）
高: 4厘米
长: 11厘米
宽: 4.5厘米
购买时间: 2012年2月11日
购买地点: 上海藏宝楼地摊
成交价格: 500.00元

实样览要

·器型的附饰工艺——堆贴

堆贴工艺使器型有更完美的表现，也包含着艺术造型要素的内涵。

8.西周S形堆纹

5.春秋S形堆纹

6.春秋S形堆纹

7.春秋绞索U形纹

22.越窑褐釉点彩鸡头盘口壶
东晋（公元317-420年）
高: 29厘米
口径: 11厘米
底径: 13厘米
购买时间: 2006年8月5日
购买地点: 上海多宝楼商铺
成交价格: 2300.00元

23.德清小马山窑塔形四管烛台
东晋（公元317-420年）
高: 11.5厘米
管口: 2.2厘米
底径: 5.2厘米
购买时间: 2000年1月8日
购买地点: 南京朝天宫地摊
购买价格: 80.00元

[淘瓷考辨]

南朝莲花纹的时代背景

南朝陶瓷多刻画莲花纹，这是窑场当时的生产受佛教艺术影响而出现的具有时代特征的主题纹饰，突出了莲花"出淤泥而不染"的高尚品格和佛教清心寡欲、超凡脱俗思想。南朝瓷器上大量刻画有莲瓣纹，也反映了唐朝诗人杜牧诗句所描绘的当时"南朝四百八十寺，多少楼台烟雨中"的佛教盛行的情景。

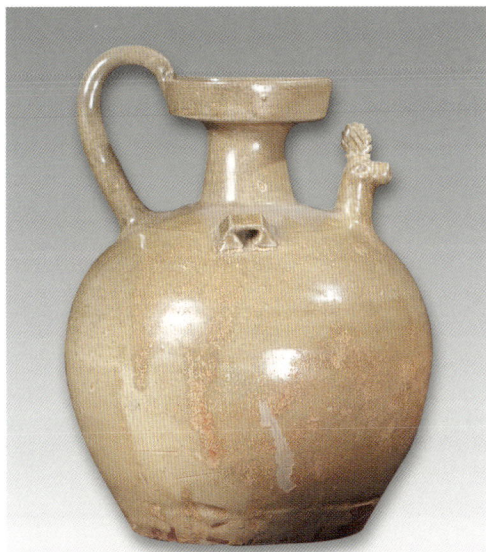

24.越窑鸡头盘口壶
西晋（公元265-317年）
高：23厘米
口径：8厘米
足径：11.5厘米
购买时间：2005年9月8日
购买地点：上海藏宝楼地摊
成交价格：2800.00元

25.越窑暖砚
西晋（公元265-317年）
高：9厘米
砚径：9.8厘米
底径：9.2厘米
购买时间：2001年6月9日
购买地点：南京朝天宫地摊
成交价格：300.00元

26.越窑三足砚
东晋（公元317-420年）
高：3.8厘米
口径：10.7厘米
足径：6.8厘米
购买时间：2001年7月8日
购买地点：上海藏宝楼地摊
成交价格：200.00元

27.越窑系莲花纹盏托
南朝（公元420-589年）
高：2.7厘米
口径：16.8厘米
底径：7.8厘米
购买时间：2011年11月6日
购买地点：上海藏宝楼地摊
成交价格：1000.00元

实样览要

· 模制堆塑纹饰的丰富与发展

图案的内容逐渐丰富，从简单的视觉艺术效果向避邪祈福的吉祥纹饰发展。

1.春秋压印叶脉纹纽　　12.战国桥形纽　　22.东晋龙形贴纹　　24.西晋鸡头壶嘴

28.北方窑马
隋（公元581-618年）
高: 27.6厘米
底: 12.9×8.1厘米
购买时间: 2004年8月26日
购买地点: 江苏盱眙古玩商铺
成交价格: 800.00元

29.北方窑直壁碗
隋（公元581-618年）
高: 9厘米
口径: 12.6厘米
足径: 5.3厘米
购买时间: 2012年10月27日
购买地点: 上海藏宝楼地摊
成交价格: 4000.00元

30.唇口壶
唐（公元618-907年）
高: 19厘米
口径: 8.5厘米
足径: 10厘米
购买时间: 1997年4月23日
购买地点: 北京潘家园地摊
成交价格: 880.00元

[陶瓷考辨] 青釉的革新改进而成的无色透明白釉

白釉也是在青釉的基础上逐步改进而烧成的。一定不要认为白釉就是白色的釉，它是将没有铁金属氧化物呈色元素烧制而成的透明釉，釉色因瓷胎的白润颜色而呈现的白色，故当时的产品亦称"白瓷"。隋代是创烧透明釉材的初期，由于金属氧化物提炼不纯的原因，初始期的透明釉还带泛青色和黄色，均有细小开片，唐代是白瓷的成熟期。

31.北方窑玉璧底浅腹敞口碗
唐（公元618-907年）
高: 4厘米
口径: 13.5厘米
底径: 7厘米
购买时间: 1999年2月2日
购买地点: 北京潘家园商铺
成交价格: 280.00元

32.邢窑玉璧底浅腹敞口碗
唐（公元618-907年）
高: 4厘米
口径: 14厘米
底径: 5.5厘米
购买时间: 1998年5月2日
购买地点: 北京潘家园地摊
成交价格: 360.00元

33.北方窑水丞
唐（公元618-907年）
高: 2.8厘米
口径: 2厘米
底径: 1.8厘米
购买时间: 2006年3月18日
购买地点: 西安八仙宫古玩街商铺
成交价格: 80.00元

34.山西八义窑水丞
五代（公元907-960年）
高: 1.8厘米
口径: 3.9厘米
足径: 1.5厘米
购买时间: 2000年8月5日
购买地点: 山西平遥古玩市场地摊
成交价格: 150.00元

实样览要

· 釉面特征是器表提供给我们的很重要的非语言符号

青釉与白釉除氧化铁含量外, 其他元素相同, 故隋代白瓷釉表部带有细小开片的特征。

24.西晋青釉

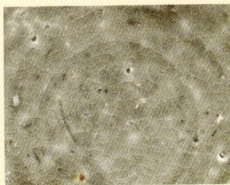

26.东晋青釉

27.南朝青釉

29.隋代白釉

35.刻画莲瓣纹水丞
唐（公元618—907年）
高：8厘米
口径：6厘米
足径：6.5厘米
购买时间：1999年4月26日
购买地点：北京古玩城商铺
成交价格：8000.00元

[陶瓷考辨] 划与刻的装饰技法

划与刻是两种工艺技法。划是指用竹、骨或金属制成的针状工具，在坯体上划出阴纹线花纹构成图案，"划"实际上是一种浅刻，这在西周时期的器表上就是一种常见的装饰技法；而"刻"是指在未干的瓷坯上用铁刀、竹刀等工具刻出花纹，然后入窑焙烧。划与刻应该属于同类别的技法，区别在于使用的工具不同，呈现在器物上的纹饰图案的深浅不同。

36.四楞水丞
唐（公元618-907年）
高：4厘米
口径：3厘米
足径：5厘米
购买时间：2000年4月23日
购买地点：绍兴古玩市场商铺
成交价格：380.00元

37.盖盒
唐（公元618-907年）
高：4.3厘米
口径：3.8厘米
底径：2.5厘米
购买时间：2000年4月24日
购买地点：上海藏宝楼地摊
成交价格：400.00元

38.瓜棱纹水丞
唐（公元618-907年）
高：4.7厘米
口径：3.3厘米
底径：4.1厘米
购买时间：2005年10月9日
购买地点：上海藏宝楼地摊
成交价格：800.00元

实样览要

· 器表采用釉色与纹饰结合的装饰方法

莲花在佛教上被认为是孕育灵魂之处。青瓷莲瓣纹在东晋晚期开始，南朝时盛行，应该说直至今日都是瓷饰的传统题材。

7.春秋雷云纹　　22.东晋"釉上彩"　　27.南朝莲瓣纹　　56.五代莲瓣纹

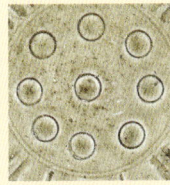

39.黄釉罐
唐（公元618-907年）
高: 13.7厘米
口径: 5.4厘米
足径: 7.1厘米
购买时间: 2012年11月3日
购买地点: 上海藏宝楼地摊
成交价格: 2600.00元

40.黄釉罐
唐（公元618-907年）
高: 20厘米
口径: 8厘米
足径: 11厘米
购买时间: 2001年4月3日
购买地点: 西安市八仙奄古玩商铺
成交价格: 1800.00元

[淘瓷考辨] 唐代创新的黄釉与花釉

黄釉分高温和低温两种，呈现的器表釉面特征也不同。唐代寿州窑的高温黄釉用的是含少量铁成分的石灰釉，所以其特点是釉面硬度大，光泽强，透明度高，但由于其高温黏度较小，易于流动，故釉层较薄。另外唐代创制的高温花釉瓷器，是在黑釉、黄釉、蓝褐釉或天蓝釉上饰以天蓝或月白色斑点，作有规则的排列，或任意挥洒。花釉是颜色釉另外一种釉表形式，历代花釉有许多品种，它的釉表特点是流光溢彩、缤纷璀璨。唐代在人工可控生产工艺的条件下，创新的花釉品种，为宋代官窑烧制出的窑变釉奠定了基础，也为明清窑变釉作为一个单独的釉色，被有意识地烧制创造了条件。

41.黑釉水丞
五代（公元907-960年）
高：2.8厘米
口径：1.6厘米
足径：4.6厘米
购买时间：2002年9月21日
购买地点：北京潘家园商铺
成交价格：320.00元

42.巩县窑绿彩鱼形砚滴
唐（公元618-907年）
高：4.5厘米
足径：3.8×2.8厘米
购买时间：2005年6月25日
购买地点：上海宛平路花鸟市场商铺
成交价格：60.00元

43.花釉敛口碗
五代（公元907-960年）
高：3.5厘米
口径：7厘米
足径：4厘米
购买时间：2005年7月26日
购买地点：上海广东路文物商店
成交价格：320.00元

44.花釉敞口碗
唐（公元618-907年）
高：3厘米
口径：8厘米
足径：3厘米
购买时间：2001年4月3日
购买地点：西安八仙奄古玩商铺
成交价格：450.00元

实样览要

·陶瓷纯色釉的早期品种

颜色釉的作用在于以本色装饰器型，所以无论其千变万化，釉色的纯净典雅是其创新发展的核心内容。

7.春秋青釉

29.隋白釉

39.唐黄釉

41.五代黑釉

45.青瓷四系壶
唐（公元618－907年）
高：12厘米
口径：4.5厘米
底径：5.5厘米
购买时间：2007年12月8日
购买地点：北京潘家园商铺
成交价格：4600.00元

[淘瓷考辨] 现代器表装饰的滥觞

现代陶瓷使用的器型成形工艺和器表装饰，从我们市场淘瓷的器皿中介绍的来看，在古代都有其雏形。在西周春秋时期我们在器表上所见的布纹、锥刺纹、弦纹都是以后刻画纹饰的雏形；器表上的器耳、纽、系、鸡头壶嘴等等，在当时并没有实用功能，主要还是体现早期审美的创作设计，这是以后雕塑工艺的雏形；本书介绍的汉代的陶器彩绘俑的工艺，也是以后彩绘工艺的雏形。所以现在装饰工艺的基本技法，都是传统基本技法的传承创新与发展。

46.青瓷玉璧底碗
唐（公元618-907年）
高: 4.5厘米
口径: 14.5厘米
底径: 5.5厘米
购买时间: 2001年4月17日
购买地点: 北京潘家园商铺
成交价格: 500.00元

47.青瓷玉璧底碗
五代（公元907-960年）
高: 6.5厘米
口径: 16.3厘米
底径: 7.5厘米
购买时间: 2012年1月8日
购买地点: 宁波市金钟古玩市场商铺
成交价格: 1000.00元

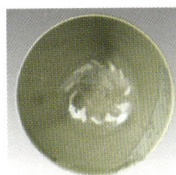

48.青瓷敞口圈足碗
五代（公元907-960年）
高: 6.5厘米
口径: 16.2厘米
底径: 7.3厘米
购买时间: 2012年1月8日
购买地点: 宁波范宅古玩市场地摊
成交价格: 800.00元

49.秘色瓷折腰洗
唐（公元618-907年）
高: 3厘米
口径: 11厘米
足径: 5.5厘米
购买时间: 1999年4月20日
购买地点: 杭州二百古玩市场商铺
成交价格: 280.00元

实样览要

·外底线割的形态

平足外底线割工艺方法留下的底足形态特征，是陶瓷器释放的重要的断代信息。

10.西周　　　　3.春秋　　　　16.战国　　　　23.东晋

50.绩溪窑敛口碗
五代（公元907-960年）
高: 4厘米
口径: 11.5厘米
底径: 3.6厘米
购买时间: 2011年11月6日
购买地点: 上海藏宝楼地摊
成交价格: 400.00元

[淘瓷考辨]

器物称呼的意境

到唐、五代特别是北宋时期，很多日用瓷器的造型是仿唐代的金银器产品，造型很美，釉色也好。现在市场上还经常可以遇见的"花口碗""瓜棱壶"，就是当时金银器的一种造型。花口碗中有五瓣花口的，鉴定谓之"花口五出"。市场上也有四瓣或六瓣的，亦称"四出口"、"六出口"。从欣赏的角度，有的专家很专业，把它称呼得更雅，六瓣以上大花瓣的称为"莲瓣口"，口沿处有小凹口修饰的则称为"葵瓣口"。现在很多人不去细辨，一般就直呼"花口"。从欣赏角度，细细品味，称呼不同，意境也就差了许多。

51.越窑系（福建地区）四系罐
五代（公元907-960年）
高: 24.7厘米
口径: 8.5厘米
底径: 9.5厘米
购买时间: 2011年7月16日
购买地点: 上海藏宝楼地摊
成交价格: 300.00元

52.越窑青瓷弦纹水丞
五代（公元907-960年）
高：4.1厘米
口径：5厘米
足径：2.9厘米
购买时间：2006年4月9日
购买地点：上海藏宝楼地摊
成交价格：200.00元

53.南方窑系水丞
唐（公元618-907年）
高：3.3厘米
口径：3.1厘米
底径：4.1厘米
购买时间：2007年3月17日
购买地点：合肥花冲公园地摊
成交价格：200.00元

55.长沙窑水丞
唐（公元618-907年）
高：4.6厘米　3.9厘米
口径：2.6厘米　2.5厘米
底径：4.5厘米　5厘米
购买时间：2002年10月3日
购买地点：苏州文庙古玩地摊
成交价格：120.00元（两只）

54.景德镇石虎湾窑水丞
五代（公元907-960年）
高：3.8厘米
口径：2.5厘米
足径：5.3厘米
购买时间：2011年8月14日
购买地点：上海藏宝楼地摊
成交价格：1500.00元

实样览要

·名牌青瓷与杂牌青瓷

瓷器具有商品属性，而长期坚持质量获得好的口碑就能成为市场名优牌产品。反复对比是认识瓷器窑场和名优牌产品的很重要方法。

49.秘色瓷

46.上林湖窑

54.石虎湾窑

55.长沙窑青瓷

56.刻画萱草纹水丞
五代（公元907-960年）
高：8厘米
口径：5.5厘米
足径：6厘米
购买时间：2000年4月17日
购买地点：上虞古玩商铺
成交价格：700.00元

[淘瓷考辨] 唐五代刻画工艺的发展

如果我们注意到，唐代以前以色釉、划画、器表塑贴装饰为主的话，到了唐代刻画技法伴随着时代审美倾向的变化，在生产工艺中得到了应用，其刻画的特点是古朴、大气、粗犷。这为北宋景德镇窑在瓷胎上大量运用这种浅浮雕的表现形式并施以透明青幽的影青釉，提供了发展的基础和条件，并将这一装饰技法上升到了非常和谐高雅的艺术境界。

57.水丞
五代（公元907-960年）
高：7.5厘米
口径：4厘米
足径：5厘米
购买时间：2001年11月7日
购买地点：上海东台路古玩商铺
成交价格：600.00元

58.水丞
五代（公元907-960年）
高：10厘米
口径：5.5厘米
足径：5.5厘米
购买时间：1999年7月17日
购买地点：绍兴古玩地摊
成交价格：480.00元

59.水丞
五代（公元907-960年）
高：6.2厘米
口径：3厘米
足径：4.8厘米
购买时间：2003年7月12日
购买地点：南京朝天宫地摊
成交价格：600.00元

60.水丞
五代（公元907-960年）
高：11.2厘米
口径：5.7厘米
足径：6厘米
购买时间：2006年6月11日
购买地点：苏州文庙古玩地摊
成交价格：260.00元

实样览要

·晋、南朝、唐、五代青瓷的器表特征

晋至五代近700年的时间里，青瓷工艺呈现施釉均匀、胎釉结合程度越来越好的渐变。

26.东晋

27.南朝

45.唐

58.五代

61.带纽盖罐
北宋（公元960－1127年）
高：11.5厘米
口径：11厘米
足径：5厘米
购买时间：2006年8月12日
购买地点：北京劲松古玩城商铺
成交价格：6000.00元

62.景德镇窑带纽盖盒
北宋（公元960－1127年）
高：5.5厘米
口径：4厘米
足径：2.8厘米
购买时间：2006年8月6日
购买地点：上海藏宝楼地摊
成交价格：800.00元

[淘瓷考辨] 北宋景德镇窑的青白釉

青白釉是北宋时创烧于景德镇窑的品种。青白釉的特点在于，既带有青瓷的釉色风格，又带有白釉釉色单纯匀净、晶亮明艳的特点。釉色介于青、白两色之间，青中有白或白中泛青，少数釉色偏糙米黄色，带有细纹开片。

63.瓜棱纹盖盒
北宋（公元960-1127年）
高: 2.2厘米
口径: 2.8厘米
底径: 2.8厘米
购买时间: 2006年4月9日
购买地点: 上海藏宝楼地摊
成交价格: 600.00元

64.素面盖盒
北宋（公元960-1127年）
高: 3厘米
口径: 5.1厘米
底径: 3.7厘米
购买时间: 2007年1月14日
购买地点: 上海藏宝楼地摊
成交价格: 450.00元

65.折腰水丞
北宋（公元960-1127年）
高: 4.5厘米
口径: 4.3厘米
足径: 2.6厘米
购买时间: 2001年1月6日
购买地点: 沈阳北方古玩城地摊
成交价格: 280.00元

66.四系罐
北宋（公元960-1127年）
高: 13厘米
口径: 4.5厘米
底径: 7厘米
购买时间: 2004年5月1日
购买地点: 北京古玩城商铺
成交价格: 6800.00元

实样览要

·隋唐五代北宋各窑场白釉色差

古代工匠在烧造实践中，将白釉呈青色带细小开片改进为有玻质感、色泽纯正，成熟的白瓷，为瓷业的发展创造了灿烂的前景。

28.隋白釉　　　32.唐邢窑白釉　　　34.五代八义窑白釉　　　61.北宋青白釉

67.葵瓣口高足碗
北宋（公元960-1127年）
高: 4.4厘米
口径: 12.3厘米
足径: 4.6厘米
购买时间: 2010年2月13日
购买地点: 上海藏宝楼地摊
成交价格: 1800.00元

[淘瓷考辨] 器表釉面的烧造缺陷

瓷器在手工制作的过程中，由于使用工具、釉料和烧造条件等原因，会留下与现代工业产品的规整度相比较的不足，这在鉴定上称之为"缺陷"。影青瓷在釉面上留有的缺陷主要有：1.缩釉，这是烧造时胎面有污渍，釉不能完全附于胎面，而出现的露胎现象；2.漏釉，这是器物施釉时，局部有遗漏出现露胎无釉现象；3.釉泡，釉面中的空气泡在烧制时破裂；4.垂釉，瓷器焙烧时，釉汁因流动过大而下流，在器物下部凝聚成蜡泪状或玻璃珠状，等等。

68.划花双鱼碗
北宋（公元960-1127年）
高：6厘米
口径：18.5厘米
足径：5.5厘米
购买时间：1998年4月13日
购买地点：北京报国寺古玩商铺
成交价格：120.00元

69.素面唇口碗
北宋（公元960-1127年）
高：5.2厘米
口径：10.9厘米
足径：3.5厘米
购买时间：2003年7月19日
购买地点：上海藏宝楼地摊
成交价格：220.00元

70.划画斗笠碗
北宋（公元960-1127年）
高：5.5厘米
口径：13.4厘米
足径：3.2厘米
购买时间：2012年7月14日
购买地点：上海藏宝楼地摊
成交价格：1600.00元

71.葵瓣口碗
北宋（公元960-1127年）
高：6.1厘米
口径：14.5厘米
足径：4厘米
购买时间：2003年3月9日
购买地点：上海藏宝楼地摊
成交价格：800.00元

实样览要

·烧造缺陷

古陶瓷烧造一定会有缺陷，有的是阶段性的，有的带有普遍性。例如胎釉结合较差、胎含沙粒是阶段性的缺陷；而造型不规整、缩釉点是普遍性的缺陷。

55.胎釉结合较差　　　51.胎骨含沙粒　　　23.造形不规整　　　70.缩釉点

72.影青釉刻画婴戏纹碗
北宋（公元960-1127年）
高：7.5厘米
口径：20.5厘米
足径：5.5厘米
购买时间：2001年3月23日
购买地点：北京潘家园商铺
成交价格：3200.00元

[淘瓷考辨] 北宋青白釉的器表装饰

宋代景德镇以青白瓷最具典型，而以影青瓷最具特色，其器表装饰也是经历了釉层由薄到厚，纹饰从素面到刻划画、刻印花、印花等发展过程。特别是南宋市场活跃，青白瓷产品的需求量激增，生产中刻画工艺减少，大量采用了有利于增产的覆烧、快捷的印花工艺。所以目前在古玩市场上南宋青白釉印花碗数量要比北宋刻画碗多得多，所以印花器物的收藏价值自然也要相对偏低一些。

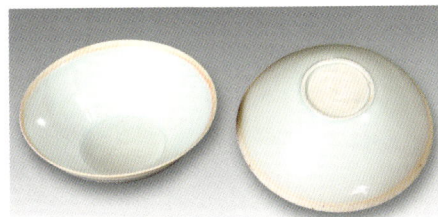

73.青白釉出筋碗
北宋（公元960-1127年）
高：6厘米
口径：19厘米
足径：6.5厘米
购买时间：2001年3月10日
购买地点：上海福佑路古玩地摊
成交价格：800.00元（两只）

74.青白釉刻画剑叶纹碗
北宋（公元960-1127年）
高：6.5厘米
口径：12厘米
足径：5厘米
购买时间：2009年5月1日
购买地点：南京南艺后街地摊
成交价格：900.00元

75.青白釉印纹碗
北宋（公元960-1127年）
高：6厘米
口径：18厘米
足径：6厘米
购买时间：2003年4月18日
购买地点：西安朱雀门古玩商铺
成交价格：1500.00元

76.青白釉浅刻画碗
北宋（公元960-1127年）
高：6.5厘米
口径：17.5厘米
足径：6.5厘米
购买时间：2002年2月10日
购买地点：上海藏宝楼地摊
成交价格：1200.00元

实样览要

·唐宋时期创烧的颜色釉

纯正影青釉偏青色泽，更有"青玉"效果。特别要强调的是影青釉与青白釉之间应该是有区别的，尽管釉材同源，但还是应该属于两个种类和等级的产品。

44.唐花釉　　　42.唐白地绿彩　　　72.北宋影青釉　　　76.北宋青白釉

77.莲瓣口出筋素面碟
北宋（公元960-1127年）
高：2.3厘米
口径：10.6厘米
底径：4厘米
购买时间：2005年1月8日
购买地点：上海藏宝楼地摊
成交价格：1200.00元（两只）

78.印花葵瓣口碟
北宋（公元960-1127年）
高：2.8厘米
口径：10.9厘米
底径：3.7厘米
购买时间：2012年12月15日
购买地点：上海藏宝楼地摊
购买价格：400.00元

[淘瓷考辨] 器型的文化属性

陶瓷器型可分为三类：一类是本土原创的，这包括地区文化和各民族文化，这类实用陶瓷据多；一类是后代仿制前朝的，包括仿青铜器、金银器造型生产的瓷器；另一类是融合了别国文化及审美观生产的瓷器。值得一提的是仿制造型，由于金银铜等金属材料的可塑性物理性能，通过锻、打、铸工艺能形成很丰富的造型，所以历朝历代的陶瓷都有这类造型的仿制。唐、五代特别是北宋时期，很多日用瓷器的造型是仿唐代金银器产品，造型美，釉色好。

79.葵瓣口出筋素面碟
北宋（公元960-1127年）
高：3厘米
口径：9.5厘米
足径：5厘米
购买时间：1998年6月9日
购买地点：上海福佑路古玩地摊
成交价格：150.00元

80.葵瓣口碟
北宋（公元960-1127年）
高：4厘米
口径：18.5厘米
底径：7.5厘米
购买时间：2000年3月23日
购买地点：北京古玩城商铺
成交价格：1000.00元

81.葵瓣口素面碟
北宋（公元960-1127年）
高：1.4厘米
口径：8.6厘米
底径：3.9厘米
购买时间：2000年10月5日
购买地点：上海藏宝楼地摊
成交价格：200.00元

82.葵瓣口素面碟
北宋（公元960-1127年）
高：1.8厘米
口径：8.8厘米
足径：3.3厘米
购买时间：2004年1月3日
购买地点：上海藏宝楼地摊
成交价格：900.00元

实样览要

·模仿的造型

后朝模仿前朝不同材质的造型，陶瓷器制作古往今来都有此作法。

7.仿青铜器卣

2.仿青铜器尊

61.仿唐银坛

79.仿唐金盘

83.湖田窑青白釉葵瓣口折腰盘
北宋（公元960—1127年）
高: 5厘米
口径:: 16厘米
足径: 6厘米
购买时间: 2008年10月12日
购买地点: 上海藏宝楼地摊
成交价格: 5500.00元（两只）

[淘瓷考辨]
追求线条和精美的造型

线条是工匠们对宇宙万物的理解，并通过物的具象体现。我们如果细味观察同一时期、同一种品种的产品，由于器物的线条不同，对其器物的感觉也大相径庭，有的气势磅礴，精神头实足，能品出"陈年老酒"的味道；有的则丽于其表，有形则无神。所以，同样是"老东西"，有的是创作，有的是临摹，有的则是习作。把握好了，造型精美的藏品，会带给你美不胜收和古雅古拙的精神享受。

85.湖田窑影青釉划画碟
北宋（公元960-1127年）
高: 1.7厘米
口径: 8.8厘米
底径: 3.2厘米
购买时间: 2006年4月9日
购买地点: 上海藏宝楼地摊
成交价格: 1000.00元（四只）

84.定窑白釉印纹盘
北宋（公元960-1127年）
高: 3.5厘米
口径: 12厘米
底径: 4厘米
购买时间: 1998年4月23日
购买地点: 西安朱雀门古玩商铺
成交价格: 600.00元

87.湖田窑影青釉刻画碟
北宋（公元960-1127年）
高: 2.2厘米
口径: 10厘米
足径: 3.9厘米
购买时间: 2010年3月7日
购买地点: 上海藏宝楼地摊
购买价格: 200.00元

86.湖田窑青白釉敞口盘
北宋（公元960-1127年）
高: 3.7厘米
口径: 13.8厘米
足径: 4.1厘米
购买时间: 2003年12月6日
购买地点: 上海藏宝楼地摊
成交价格: 120.00元

实样览要

· 细观俯视的造型艺术效果

古代陶瓷器的欣赏视线是从比较高的方位向下俯视的，所以从视觉美观需要，都很强调器型及装饰的俯视效果。

27.盏托

38.水丞

72.碗

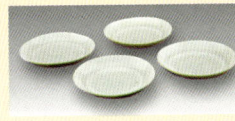

85.碟

88.印纹葵瓣碗
北宋（公元960-1127年）
高：2厘米
口径：10.5厘米
底径：3.5厘米
购买时间：2010年5月23日
购买地点：上海东亚古董展馆会
购买价格：6000.00元

[陶瓷考辨] 宋代青瓷特征

青瓷是我国制瓷史上历时最久的釉色，六朝时青瓷器皿在日常生活中被广泛使用，并得到了迅速的发展。唐代时期越窑烧造了秘色瓷，在釉色的质量上达到高峰，同时由于工艺的提高，又创烧了千峰翠色、青中闪黄的艾色和粉青等新的品种，五代晚期至北宋初才转为青绿色，北宋耀州窑青瓷釉色匀净，以青绿浓烈为主。

89.缠枝花纹碟
北宋（公元960-1127年）
高：3.5厘米
口径：12.1厘米
足径：4.5厘米
购买时间：2012年3月17日
购买地点：苏州文庙古玩地摊
购买价格：1万元

90.素面碗
北宋（公元960-1127年）
高：5厘米
口径：13厘米
底径：4厘米
购买时间：2006年4月18日
购买地点：北京劲松古玩城商铺
购买价格：400.00元

91.出筋弧壁碗
北宋（公元960-1127年）
高：6厘米
口径：12厘米
底径：4厘米
购买时间：2007年3月26日
购买地点：北京劲松古玩城商铺
购买价格：1500.00元

实样览要

·窑场不同，青瓷的呈色也不同

不同窑场的青瓷，使用的是来源于不同化学成分的胎土和釉材，釉色肯定不同，这种颜色差异是"验明正身"很重要的符号。

45.唐上林湖窑　　50.五代绩溪窑　　54.五代石虎湾窑　　91.宋代耀州窑

92.溪口窑直颈盘口瓶
南宋（公元1127-1279年）
高: 15.5厘米
口径: 7厘米
足径: 4.5厘米
购买时间: 2007年5月1日
购买地点: 南京南艺后街地摊
购买价格: 1万元

[淘瓷考辨] 南宋龙泉青瓷特征

魏晋南北朝时的南方青瓷釉、北宋龙泉青釉等均属石灰釉。南宋龙泉青釉为石灰碱釉，石灰碱釉的特点釉料中以长石代替部分石灰石，釉中氧化钙含量小于8%；高温黏度大，不易流动，釉层较厚，釉面光泽柔和，无刺眼感觉，降低了烟熏和裂釉的倾向。南宋龙泉青釉、官窑青釉、景德镇元明以来的白瓷釉均使用石灰碱釉。石灰碱釉的发展与运用，是传统青瓷工艺的巨大进步。

93.龙泉窑直颈盘口瓶
南宋（公元1127-1279年）
高：15.5厘米
口径：6厘米
足径：5厘米
购买时间：2007年4月27日
购买地点：北京劲松古玩城商铺
购买价格：8000.00元

94.龙泉窑直颈盘口瓶
南宋（公元1127-1279年）
高：14.5厘米
口径：6厘米
足径：5厘米
购买时间：2012年5月6日
购买地点：上海藏宝楼地摊
购买价格：1.2万元

95.溪口窑蒜头唇口长颈瓶
南宋（公元1127-1279年）
高：13厘米
口径：3厘米
足径：4厘米
购买时间：2007年5月1日
购买地点：南京南艺后街地摊
购买价格：6000.00元

实样览要

·用石灰釉、石灰碱釉不同釉材烧制青瓷的不同纹饰状态

龙泉窑系五代时期初创，博越窑、婺州窑、瓯窑青瓷的众家之长，在南宋改用石灰碱釉，形成了自己独特的釉饰风格。

35.唐代越窑刻画莲瓣纹

56.五代越窑刻画萱草纹

89.北宋耀州窑缠枝印纹

149.元代龙泉窑刻画纹

96.景德镇影青釉菊瓣纹盖罐
南宋（公元1127-1279年）
高：6厘米
口径：8.3厘米
足径：5.8厘米
购买时间：2007年7月7日
购买地点：上海藏宝楼地摊
购买价格：850.00元

[淘瓷考辨] 印花装饰工艺为什么在南宋有更广泛的运用

印花技法是对胎体直接装饰的工艺之一，印制工艺是用刻有装饰纹样的印模，在陶瓷成型的湿坯器上压模印出花纹。印花技法很早就有了，它的特点是简单快捷，适合批量生产，降低生产成本提高产量。该项成熟工艺南宋景德镇窑大量应用于瓷器装饰。印花的纹饰必有意，融入了中国民间吉祥、喜庆、励志的传统文化，工匠们在做陶制瓷中创造了丰富多彩的图案。

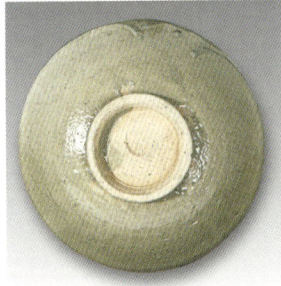

97.景德镇青白釉印纹敞口碗
南宋（公元1127-1279年）
高: 4.2厘米
口径: 14.3厘米
足径: 4厘米
购买时间: 2004年5月9日
购买地点: 上海藏宝楼地摊
购买价格: 80.00元

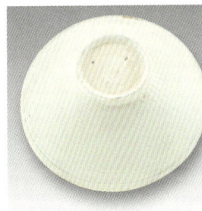

98.北方窑口白釉葵瓣口出筋盘
南宋（公元1127-1279年）
高: 5厘米
口径: 18厘米
足径: 6厘米
购买时间: 1999年3月27日
购买地点: 北京潘家园商铺
成交价格: 600.00元

99.青白釉刻画碗
南宋（公元1127-1279年）
高: 5.2厘米
口径: 15.2厘米
足径: 5.4厘米
购买时间: 2005年4月8日
购买地点: 南京朝天宫商铺
购买价格: 800.00元

实样览要

·从春秋到南宋的印纹题材

印纹表现大自然、花卉、芳草类的图案纹饰，含有喜庆祥瑞的寓意，这也是陶瓷纹饰的恒久题材和文化特征。

7.春秋云雷纹

84.北宋莲纹

75.北宋梅花纹

97.南宋折枝纹

100.模印莲瓣纹敞口碗
南宋（公元1127-1279年）
高: 4厘米
口径: 16厘米
足径: 6厘米
购买时间: 2009年8月11日
购买地点: 上海多宝楼商铺
成交价格: 4800.00元

101.模印莲瓣纹敞口碗
南宋（公元1127-1279年）
高: 7.5厘米
口径: 15.5厘米
足径: 4.5厘米
购买时间: 2000年4月27日
购买地点: 北京潘家园地摊
成交价格: 1800.00 元

[淘瓷考辨] 培养对古代传统釉饰工艺的欣赏

中国民间陶瓷业成型有泥条盘筑成型、模塑成型、拉坯成型；釉饰有色釉、雕刻、彩绘装饰方法，等等，而这些技法传承的特点是师徒相传，父子相承。古代工匠独具匠心，运之以神，在有序的传承中发展与创新，制作了许多好的产品和作品。窑场大量产生的还是生活实用器皿，但实用瓷器也蕴涵不同时期的美学标志，收藏爱好者应该在学会识别"真""假"的基础上，注意培养欣赏工艺精湛的美品、精品意识。

102.折腰洗
南宋（公元1127-1279年）
高：3.5厘米
口径：13厘米
足径：6.5厘米
购买时间：2006年5月17日
购买地点：嘉兴古玩市场地摊
成交价格：3万元（两只）

103.模印莲瓣纹敞口碗
南宋（公元1127-1279年）
高：7.1厘米
口径：14.4厘米
足径：3.8厘米
购买时间：2003年3月9日
购买地点：南京朝天宫地摊
成交价格：2000.00元

104.折腰洗
南宋（公元1127-1279年）
高：4厘米
口径：12.5厘米
足径：6厘米
购买时间：1998年7月13日
购买地点：北京劲松古玩城商铺
成交价格：4800.00元

实样览要

·模印纹饰

用模具造型并巧妙地应用装饰图案，体现了自然朴素的审美意识，给人以美观的视觉效果。

63.北宋瓜棱

96.南宋菊瓣

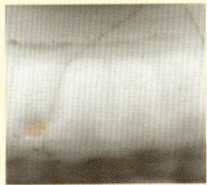

129.南宋凸棱

103.南宋莲瓣

105.白彩梅月纹盏
南宋（公元1127-1279年）
高: 4.6厘米
口径: 14.5厘米
足径: 3.9厘米
购买时间: 2010年12月12日
购买地点: 上海藏宝楼地摊
成交价格: 800.00 元

[淘瓷考辨] 南宋吉州窑的黑釉装饰

南宋吉州窑最具特色的是黑釉瓷器，黑釉不是人们喜爱（甚至是忌讳）的釉色，但是当时民间有喜好饮茶时观茶色的斗茶风格，故大量烧制黑釉茶盏。黑釉从东汉时期在越窑烧制成功，直至现在一直是民间日用器皿常见的釉色之一。其间唐代较为盛行，至宋代达到了高峰。吉州窑在黑釉瓷装饰技法中采用剪纸贴花、褐彩花卉、玳瑁釉等工艺方法，在宋代瓷窑中独树一帜，有浓郁的地方风格。

106.剪纸贴花梅花凤纹盏
南宋（公元1127-1279年）
高：3.7厘米
口径：10.6厘米
足径：3.7厘米
购买时间：2006年7月9日
购买地点：上海藏宝楼地摊
成交价格：1200.00元

107.白彩花草纹盏
南宋（公元1127-1279年）
高：5.2厘米
口径：14.7厘米
足径：3.6厘米
购买时间：2011年11月26日
购买地点：上海藏宝楼地摊
成交价格：6800.00元

108.褐彩盏
南宋（公元1127-1279年）
高：5.8厘米
口径：11厘米
足径：3.5厘米
购买时间：2004年4月10日
购买地点：宣城古玩商铺
成交价格：900.00元

109.褐彩盏
南宋（公元1127-1279年）
高：6.5厘米
口径：11厘米
足径：4厘米
购买时间：2007年3月8日
购买地点：太原棉花塔古玩地摊
成交价格：1000.00元

实样览要

·吉州窑的黑釉装饰技法

剪纸贴花工艺纹样朴实，民间的传统地方文化气息最为浓郁。

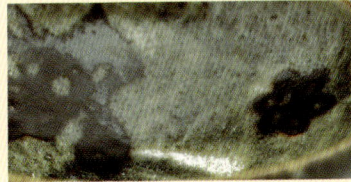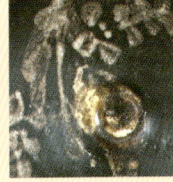

130.窑变玳瑁　　　108.窑变褐彩　　　106.剪纸贴花　　　105.白彩梅月

110.景德镇窑青白釉瓜楞执壶（带铭文）
北宋（公元960-1127年）
高: 14.5厘米
口径: 6.5厘米
足径: 6.6厘米
购买时间: 2011年7月16日
购买地点: 上海藏宝楼地摊
成交价格: 1200.00元

[淘瓷考辨] "差若毫厘，缪以千里"和色差

同一时期的同类产品，是不同窑场生产的，这就涉及产品的品牌。如何识别窑场，看胎骨是主要方面，更要观察并区别釉色之间的差异。北宋景德镇的周边窑口都用相同工艺烧制青白瓷，如果你只识景德镇窑场的青白瓷，以规为瑱把其他窑场的产品也误认为景德镇的产品，就很容易会把价位虚高，因为其周边窑场的产品，价格一般都是低于景德镇窑的"名牌"产品。

111.繁昌窑青白釉谷仓
宋（公元960-1279年）
高：18厘米
口径：6.9厘米
足径：5.7厘米
购买时间：2004年8月1日
购买地点：合肥花冲公园地摊
购买价格：120.00元

112.北方窑青白釉瓜楞罐
北宋（公元960-1127年）
高：12.5厘米
口径：12厘米
足径：7.5厘米
购买时间：1999年4月22日
购买地点：北京潘家园地摊
成交价格：480.00元

113.繁昌窑白釉斗笠碗
北宋（公元960-1127年）
高：8.4厘米
口径：15.5厘米
足径：5.3厘米
购买时间：2007年6月9日
购买地点：上海藏宝楼地摊
购买价格：380.00元

114.繁昌窑青白釉瓜楞执壶
北宋（公元960-1127年）
高：17.3厘米
口径：11.5厘米
足径：4.9厘米
购买时间：2011年12月11日
购买地点：江西鄱阳田贩街地摊
成交价格：800.00元

实样览要

· "名牌"与"杂牌"的器表特征

做一个对不同窑场瓷器的横向比较，会幡然醒悟，还是要选择"名牌"窑场的产品，更值得收藏。

35.上林湖越窑青瓷

53.越窑系青瓷

65.湖田窑青白釉

111.繁昌窑青白釉

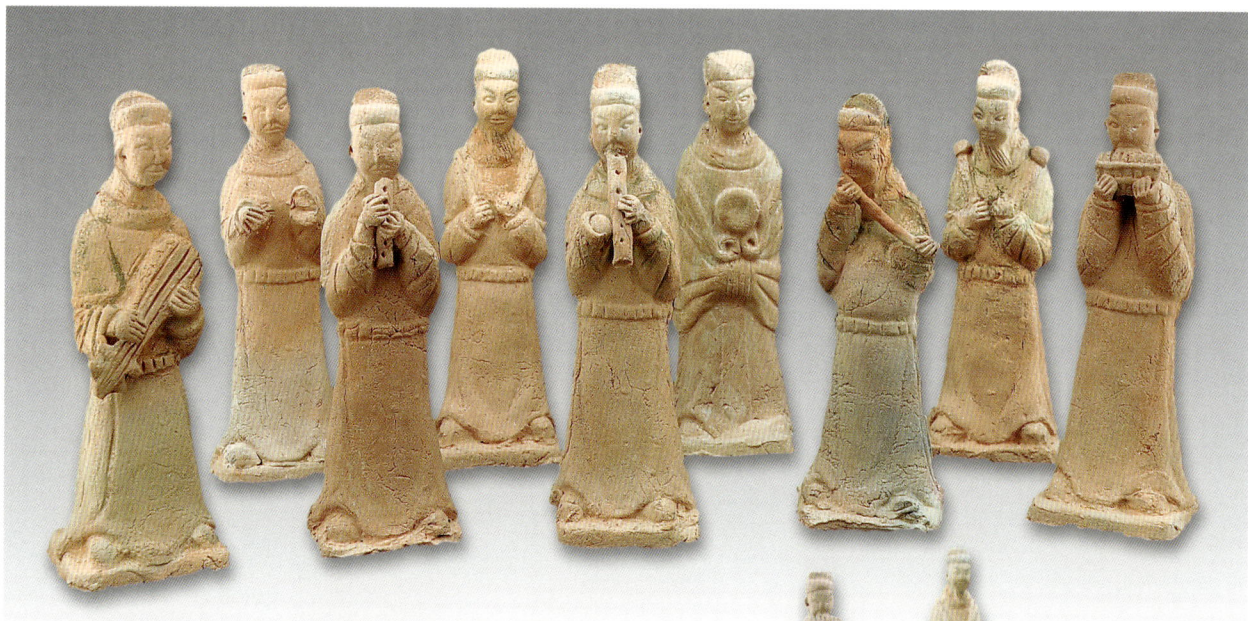

115.吹奏乐师陶俑
南宋（公元1127-1279年）
通高：20厘米
长×宽：7×7厘米
购买时间：2006年5月23日
购买地点： 上海藏宝楼地摊
成交价格：540.00 元（九只）

[陶瓷考辨] 结晶釉瓷是创烧于唐成熟于宋的产品

陶瓷器上用的色釉好比彩绘装饰图案一样，根据配料组成不同，也可以划分很多种类。结晶釉也是色釉的一种，是产品烧制过程中，由于釉内的结晶物质熔融后处于饱和状态，在降温过程中产生析晶而形成，这种釉具有特殊的艺术效果，建窑、吉州窑都有结晶釉的产品。结晶釉的釉饰魅力在于釉面呈细微晶体或各种花状晶体，天然韵致、变幻神奇。

116.建窑茶盏
南宋（公元1127-1279年）
高：5.5厘米
口径：11.8厘米
足径：4.1厘米
购买时间：2005年6月4日
购买地点：上海藏宝楼地摊
成交价格：800.00元

117.吉州窑茶盏
南宋（公元1127-1279年）
高：5.3厘米
口径：12厘米
足径：3.6厘米
购买时间：2013年5月25日
购买地点：南京南艺后街地摊
成交价格：250.00元

118.武夷山窑敞口茶盏
南宋（公元1127-1279年）
高：4厘米
口径：11.5厘米
足径：3.5厘米
购买时间：2007年3月18日
购买地点：上海藏宝楼地摊
成交价格：400.00元

119.遇林亭窑茶盏
南宋（公元1127-1279年）
高：5.6厘米
口径：11厘米
足径：4.5厘米
购买时间：2011年12月17日
购买地点：上海藏宝楼地摊
成交价格：350.00元

实样览要

·创于唐成熟于宋代的结晶釉

结晶釉品种的贡献在于，利用釉料本身的铁结晶性物质，在烧制冷却后形成自然汇织的视觉美感。

44.唐代花釉

106.吉州油滴

119.遇林亭黑釉

116.建窑黑釉

120.碗

金（公元1115-1234年）

高：4.5厘米

口径：10.5厘米

足径：3厘米

购买时间：2006年7月23日

购买地点：北京劲松古玩城商铺

成交价格：300.00元

[淘瓷考辨] 耀州窑的器饰特征

北宋的耀州窑以刻花器饰为主，南宋以印花器饰为主。其刻花的特点又十分有特点，给人的感觉是犀利流畅，它用熟练的刀法挥就出流畅有力的线条，表现了北方性格的粗犷。印花效果也是凸棱清晰，为宋代青瓷器表装饰之冠。刻画纹饰有莲瓣纹、花草纹。印花有缠枝、折枝牡丹、菊花、莲花等花纹装饰。宋代中期以后，耀州瓷纹饰题材趋于多样化，成为北方民窑印花青瓷的带头羊。

121.碗
金（公元1115-1234年）
高：5厘米
口径：11.5厘米
足径：3厘米
购买时间：2006年7月23日
购买地点：北京劲松古玩城商铺
成交价格：300.00元

122.碗
金（公元1115-1234年）
高：4.5厘米
口径：10.3厘米
足径：3.2厘米
购买时间：2012年3月17日
购买地点：苏州文庙古玩商铺
成交价格：1500.00元

123.碗
金（公元1115-1234年）
高：4.2厘米
口径：9厘米
足径：5.3厘米
购买时间：2005年11月5日
购买地点：上海藏宝楼地摊
成交价格：1000.00元

124.碗
南宋（公元1127-1279年）
高：4.5厘米
口径：10.9厘米
足径：3.1厘米
购买时间：2010年3月27日
购买地点：上海藏宝楼地摊
成交价格：1500.00元

实样览要

·放手挥就，富于个性的刻画

刻、划、剔装饰是指刻画、划画、剔画的工艺方法；刻画是指用刀具直接在胎上画出装饰纹样，各时期、各窑场的工匠运用刀具的技法不同，所以产生的视觉效果也会不同。

9.西周弦纹　　56.五代萱草纹　　72.北宋婴戏纹　　74.北宋剑叶纹

125.吉州窑鹭鸶纹盖盒
南宋（公元1127-1279年）
高：2厘米
口径：6.5厘米
足径：3厘米
购买时间：2009年9月17日
购买地点：合肥古玩商铺
成交价格：2200.00元

[淘瓷考辨] 识"品牌"必须做"功课"

识"品牌"就是要求弄清楚陶瓷器的产地与窑场，用现在的说法，就是要弄清楚是哪家公司的产品，从而来认定是品牌产品还是杂牌产品。据统计，我国历史上烧造陶瓷的窑口有几百处，有的尚未发现或考古还未挖掘，有些窑场我们还处在只是对阶段性产品的认知。我们也注意到在一些公开鉴定场合，有些专家也只说一个"窑系"的大类，所以，逐步去认识和掌握陶瓷器的"出生地"窑场，学会识商品的品牌这很重要。不知道品牌，就对接不上产品的历史与文化，也就不好把握藏品的收藏价值。

127.河南临汝窑青瓷碗
金（公元1115-1234年）
高: 4.5厘米
口径: 11.1厘米
足径: 3.2厘米
购买时间: 2006年3月4日
购买地点: 上海藏宝楼地摊
成交价格: 600.00元

126.白虎湾窑青瓷喇叭口执壶
北宋（公元960-1127年）
高: 22厘米
口径: 10.9厘米
足径: 6.3厘米
购买时间: 2011年7月30日
购买地点: 上海藏宝楼地摊
成交价格: 700.00元

128.磁州窑白釉褐斑唇口碗
金（公元1115-1234年）
高: 7厘米
口径: 17厘米
足径: 6.5厘米
购买时间: 2000年4月29日
购买地点: 北京潘家园地摊
购买价格: 500.00元

实样览要

·宋代龙泉青瓷是当时的"名牌"产品，磁州窑的白地黑彩瓷器也很有特色

收藏的价值之一，在于要对产品作横向比较，在一个时间段的节点上与不同窑场的产品比较，什么是最好的。

100.越窑

127.临汝

52.龙泉

125.磁州

129.景德镇青白釉凸棱鼎式炉
南宋（公元1127-1279年）
高: 7厘米
口径: 9.8厘米
底径: 5.5厘米
购买时间: 2005年12月11日
购买地点: 广州市收藏协会展示馆
购买价格: 800.00元

[淘瓷考辨] 吉州窑的器饰文化

宋代吉州窑主要生产民间日常生活用瓷，没有官窑精品。由于瓷质不细腻洁白的缺陷，吉州窑的工匠们为了弥补这一不足，结合地区民间文化的特点，通过釉色、刻划、模印、剪纸贴花、彩绘、雕塑等独特的制作工艺，形成了很强烈的地方产品的个性特色，创造出了独特的瓷饰风格。

130.吉州永和窑褐釉玳瑁纹三足炉
南宋（公元1127-1279年）
高：8厘米
口径：10厘米
足径：6厘米
购买时间：2000年3月22日
购买地点：北京潘家园地摊
购买价格：680.00元

131.耀州窑青瓷鼎式炉
金（公元1115-1234年）
高：9.9厘米
口径：11厘米
底径：10.5厘米
购买时间：2004年5月1日
购买地点：北京潘家园商铺
购买价格：750.00元

实样览要

·宋金元时期的器足特征

不同时期典型器的足形，也是断代的重要痕迹符号，其演变的过程各时期都有特点，也是有规律可循的。

129.景德镇窑

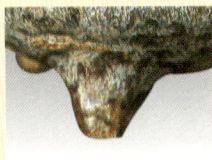

130.吉州窑

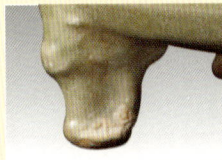

131.耀州窑

149.龙泉窑

132.白花敞口碗
金（公元1115-1234年）
高: 8厘米
口径: 18厘米
足径: 5厘米
购买时间: 1998年4月13日
购买地点: 北京报国寺古玩商铺
购买价格: 280.00元

[淘瓷考辨] 辽金陶瓷有鲜明的民族风格

王红五先生对辽金瓷器风格的认识我们很认同。他认为，历史上辽、金虽为两个民族、两个国号，都发源于东北，女真人强盛后进入中原之前，必须统一东北，辽遂先被金灭。故辽、金的窑口大多有承继性，一些古窑址，既是辽代古窑址，又是金代古窑址，金代的陶瓷发展史，按地域划分，一部分继承和发展了辽代的风格，一部分继承和发展了北方汉民族的风格。

133.罐
金（公元1115-1234年）
高：5.5厘米
口径：7.5厘米
足径：5厘米
购买时间：2000年3月7日
购买地点：北京潘家园地摊
购买价格：220.00元

134.白口碗
金（公元1115-1234年）
高：7厘米
口径：19厘米
足径：8厘米
购买时间：1999年2月7日
购买地点：北京潘家园地摊
购买价格：180.00元

135.唇口碗
金（公元1115-1234年）
高：8厘米
口径：17厘米
足径：6.5厘米
购买时间：2000年9月22日
购买地点：北京潘家园地摊
购买价格：200.00元

136.凹棱碗
金（公元1115-1234年）
高：9厘米
口径：20厘米
足径：6.5厘米
购买时间：1999年2月7日
购买地点：北京潘家园地摊
购买价格：210.00元

实样览要

·不同时期的黑釉瓷

实际上我们所见的纯黑瓷是很少的，黑瓷一般均结合一些其他的装饰技法来弥补黑色的不足来招人喜欢。

41.五代黑釉

117.南宋黑釉

136.金代黑釉

585.民国黑釉

137.扒村窑加黑彩绘俑
金（公元1115-1234年）
高：18厘米
底径：4.4厘米
购买时间：2013年5月25日
购买地点：南京朝天宫地摊
成交价格：2600.00元

[淘瓷考辨] 收藏的多元价值观应该互相包容

收藏目的是由收藏价值观决定的，每个人的收藏价值观不同，也决定了其收藏行为与他人的不同。我们比较主张"以物见史，以物论史，以物求证，展示文化"的作法，所以只要有益于社会的不同的收藏目的、收藏行为、收藏对象、兴趣爱好和对藏品归宿的认识都应该互相包容和相互尊重。只有大家的齐心协力，才能真正推动收藏事业健康蓬勃地发展。

138.耀州窑紫金釉钵
金（公元1115-1234年）
高：5.5厘米
口径：11.6厘米
足径：6.7厘米
购买时间：2012年7月21日
购买地点：上海藏宝楼地摊
成交价格：3000.00元

139.山西霍窑白釉刻画鸳鸯纹敞口碗
金（公元1115-1234年）
高：3.3厘米
口径：10.6厘米
足径：3.6厘米
购买时间：2003年5月10日
购买地点：扬州天宁寺地摊
成交价格：1800.00元

140.湖绿釉皮囊壶
辽代（公元907-1125年）
高：28.8厘米
口径：2.2厘米
足径：8.5厘米
购买时间：2012年5月17日
购买地点：上海天山茶城商铺
成交价格：8000.00元

141.钧窑弧壁碗
金（公元1115-1234年）
高：8厘米
口径：17.5厘米
足径：5厘米
购买时间：1999年2月7日
购买地点：北京潘家园商铺
成交价格：480.00元

实样览要

·宋金创烧的高温釉与彩绘

如果从西周晚期德清窑有较好的高温釉青瓷产品算起，到了南宋的两千多年的时间里，高温釉品种的创新与发展走的是一条漫漫长路，而扒村窑创新的五彩器，又为以后的釉上五彩奠定了发展基础。

61.湖田影青

138.耀州紫金

93.龙泉青瓷

137.扒村五彩

淘瓷考辨

卵白釉系高温白釉的品种，是元代景德镇窑创烧的新品种。元代景德镇窑在南宋青白釉的基础上，创造的卵白釉和透明白釉不同，卵白釉是失透的，也有人称之为半乳浊釉，其釉近似鹅蛋色，故称为卵白釉。卵白釉的黏度增厚，加之半乳浊透明度下降，所以不呈贽透，也不呈青白瓷的玻璃光。其产品主要为印花装饰，缠枝莲、菊瓣图案比较多见。

二编 元明时期陶瓷器

（元明时期公元1271年-1644年）

Chinaware in Yuan and Ming Dynasties

（1271–1644）

142.卵白釉观音撇口瓶
元（公元1271-1368年）
高：11.5厘米
口径：3.5厘米
足径：4.5厘米
购买时间：2011年12月3日
购买地点：上海藏宝楼地摊
成交价格：1100.00元

[淘瓷考辨] 元代鹅蛋色的卵白釉

卵白釉系高温白釉的品种，是元代景德镇窑创烧的新品种。元代景德镇窑在南宋青白釉的基础上，创造的卵白釉和透明白釉不同，卵白釉是失透的，也有人称之为半乳浊釉，其釉近似鹅蛋色，故称为卵白釉。卵白釉的黏度增厚，加之半乳浊透明度下降，所以不呈背透，也不呈青白瓷的玻璃光。其产品主要为印花装饰，缠枝莲、菊瓣图案比较多见。

144.青白釉褐彩洗口瓶
元（公元1271-1368年）
高: 13.5厘米
口径: 5.5厘米
足径: 5.5厘米
购买时间: 1988年3月6日
购买地点: 北京潘家园商铺
成交价格: 300.00元

143.青白釉撇口观音瓶
元（公元1271-1368年）
高: 15.5厘米
口径: 7.7厘米
足径: 6.3厘米
购买时间: 2011年12月17日
购买地点: 上海藏宝楼地摊
成交价格: 2500.00元

145.青白釉褐彩洗口瓶
元（公元1271-1368年）
高: 13.5厘米
口径: 5.5厘米
足径: 6厘米
购买时间: 1988年3月6日
购买地点: 北京潘家园商铺
成交价格: 280.00元

实样览要

·元代创新的卵白釉

卵白釉是元代创新的品种，卵白釉的特征在于既不是唐宋时期的透明白釉，也不是现代乳浊的白釉，它是一种釉面失透半乳浊白釉。

28.隋代白釉

32.唐代白釉

78.北宋青白釉

142.元代卵白釉

146.八卦纹贴足筒炉
元（公元1271-1368年）
高: 10.5厘米
口径: 16厘米
足径: 9厘米
购买时间: 2003年4月6日
购买地点: 上海藏宝楼地摊
成交价格: 2300.00元

[淘瓷考辨] **牢牢把握器皿的时代特征**

陶瓷的"形"也是随着社会的时尚、使用者的审美观和新工艺方法的产生而逐渐变化，所以不同器型都能折射时代的特征，这种特征是与人们交流的表达符号，也是一种鉴定的非语言符号，要掌握这些信息符号的含义，这就要求多问、多看、多观摩。文物鉴赏家有时拿到一片碎瓷片，也会爱不释手，就是这个道理。

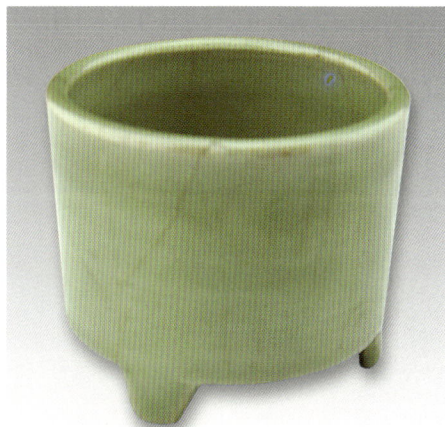

147.鼎式三足炉
元末明初（公元1340-1424年）
高：7厘米
口径：7厘米
足径：2.5厘米
购买时间：2009年2月22日
购买地点：上海藏宝楼地摊
成交价格：3800.00元

148.素面三足炉
元（公元1271-1368年）
高：8.5厘米
口径：10.4厘米
足径：5.8厘米
购买时间：2012年3月24日
购买地点：上海藏宝楼地摊
成交价格：800.00元

149.刻画纹贴足炉
元（公元1271-1368年）
高：6厘米
口径：10厘米
足径：8厘米
购买时间：1998年2月22日
购买地点：杭州二百古玩市场地摊
购买价格：460.00元

150.素面三足炉
元（公元1271-1368年）
高：5.6厘米
口径：7.4厘米
足径：3.8厘米
购买时间：2002年7月13日
购买地点：上海藏宝楼地摊
成交价格：200.00元

实样览要

·宋代器物与元代器物三足底和圈足内壁往外斜撇的特征
元代器足外斜的形态，是当时追求审美时尚观的体现。

129.南宋足

147.元足

66.宋圈足内壁

142.元圈足内壁

151.景德镇青白釉梅花印纹六角盖盒
元（公元1271-1368年）
高：5厘米　4厘米
口径：6.2厘米　6.5厘米
足径：5.6厘米　5.5厘米
购买时间：2012年12月11日
购买地点：北京古玩城商铺
成交价格：4800.00元（两只）

152.龙泉窑青釉蔗段洗
元（公元1271-1368年）
高：3.4厘米
口径：12厘米
足径：8.1厘米
购买时间：2003年11月7日
购买地点：上海藏宝楼地摊
成交价格：480.00元

[淘瓷考辨] 蔗段装饰

中国民间风俗中甘蔗是一种吉祥植物，由于它一节节形似竹子，在民俗中希望别人节节高时，往往就送一两根连根带叶的甘蔗，表示祝愿的意思，所以甘蔗在民间活动中用到的场合很多。南方产蔗地区的婚嫁时，女方陪嫁里有送一根或两根甘蔗，这根甘蔗必须连根带叶，有头有尾，用以祝福夫妇婚后的生活甜蜜。陶瓷艺术品中用甘蔗作为造型的"蔗段洗"，是元代时期浙江龙泉窑的典型产品。

153.青白釉菊花荷叶纹盖盒
元（公元1271-1368年）
高：3厘米
口径：8厘米
底径：6厘米
购买时间：2008年5月23日
购买地点：屯溪古玩市场商铺
成交价格：480.00元

154.青白釉菊花荷叶纹盖盒
元（公元1271-1368年）
高：3.3厘米
口径：5.2厘米
底径：3.5厘米
购买时间：2005年8月13日
购买地点：上海藏宝楼地摊
成交价格：300.00元

155.龙泉窑青瓷水丞（海捞瓷）
元（公元1271-1368年）
高：3.4厘米
口径：9.6厘米
足径：3.3厘米
购买时间：2006年6月3日
购买地点：海口市古玩地摊
成交价格：120.00元

156.景德镇枢府釉壶形水注
元（公元1271-1368年）
高：5厘米
底径：3.4厘米
购买时间：2000年9月23日
购买地点：南京朝天宫地摊
成交价格：30.00元

实样览要

· 陶瓷文具艺术表现的造型意识更为突出

陶瓷器的文房用具，总体上做工精湛，器型雅致，有很高的艺术和观赏价值，收藏时应予格外的关注。

37.唐

62.北宋

63.北宋

154.元

157.浦城窑双系盘口瓶
元（公元1271-1368年）
高: 15.5厘米
口径: 4.5厘米
底径: 5.4厘米
购买时间: 2005年7月20日
购买地点: 黄山市文物商店
成交价格: 6500.00元（两只）

[淘瓷考辨] "耳""系"的装饰功能

陶瓷器型的演变，涉及到考古中的类型学，这方面我们研究的还不够深入。陶瓷罐、壶、瓶的"耳系"，西周、春秋战国时期，主要是体现器皿的美观效果，但以后其形状和作用发生了变化，逐步体现了它的实用功能。例如中国陶瓷的贯耳瓶的类型，与1989年江西新干大洋洲商墓出土的青铜兽面夔纹壶比较接近。夔纹壶直径，颈侧有贯耳，属于容酒器皿。那么历代陶瓷器的系、耳是否有向实用功能的演变？我们找过一些资料，结果在北齐时期（公元550-577年）杨子华的《校图书》和五代时期（公元907-960年）周文矩的《重屏会棋图》中有所发现，当时贯耳瓶已演变为文房用品。古代书签有用飞禽的羽毛或竹签做的，陶瓷贯耳瓶至少在北齐是读书人放书签的用器，瓶的贯耳应该是临时插书签用的。

159.玉溪窑青花盖罐
元（公元1271-1368年）
高：5.8厘米
口径：4.7厘米
底径：3.8厘米
购买时间：2003年8月3日
购买地点：上海藏宝楼地摊
成交价格：150.00元

158.福建窑口紫金釉玉壶春瓶
元（公元1271-1368年）
高：10.3厘米
口径：3.6厘米
足径：4.2厘米
购买时间：2011年10月2日
购买地点：上海藏宝楼地摊
成交价格：400.00元（两只）

160.磁州窑白釉高足杯
元（公元1271-1368年）
高：9厘米
口径：9.5厘米
足径：4.1厘米
购买时间：2013年5月25日
购买地点：南京朝天宫地摊
成交价格：600.00元

161.龙泉窑灯盏
元（公元1271-1368年）
高：2.8厘米
口径：5厘米
足径：2.9厘米
购买时间：2002年9月21日
购买地点：南京朝天宫地摊
成交价格：20.00元

实样览要

·耳与系的功能

耳与系的功能不是绝对分明的，有装饰的，也有实用的，或兼而有之。实用器的耳是用来执拿，系是串绳子后用来提拎。

1.装饰

45.实用

129.实用

157.实用

162.景德镇枢府窑印菊花纹盘
元（公元1271-1368年）
高: 5厘米
口径: 15厘米
足径: 5厘米
购买时间: 2008年6月21日
购买地点: 上海云洲古玩城商铺
成交价格: 4000.00元

163.北方窑口青白釉划花荷花鲤鱼碗
元（公元1271-1368年）
高: 7厘米
口径: 20.5厘米
足径: 7厘米
购买时间: 1999年2月7日
购买地点: 北京潘家园商铺
成交价格: 160.00元

[淘瓷考辨] 元代的绿釉

绿釉系釉品种之一，指含铜的釉料在氧化焰中呈绿色。绿釉的颜色品种很多，均按其不同色阶赋予其与动、植物绿色相近的名称，如孔雀绿、葱绿、豇豆绿等等，有高温绿釉和低温绿釉两种。宋元时期北方窑场如磁州窑，扒村窑都有生产绿釉产品，元代的绿釉是低温绿釉。

164.景德镇青白釉菊荷印纹敞口碗
元（公元1271-1368年）
高：6.5厘米
口径：17.2厘米
足径：4.2厘米
购买时间：2012年10月6日
购买地点：上海藏宝楼地摊
成交价格：1700.00元

165.四川邛窑绿釉唇口碗
元（公元1271-1368年）
高：5.8厘米
口径：3.9厘米
底径：5厘米
购买时间：2011年9月3日
购买地点：上海藏宝楼地摊
成交价格：700.00元

166.陕西宁武窑黄釉刻画敞口碗
元（公元1271-1368年）
高：3.4厘米
口径：9.6厘米
足径：3.3厘米
购买时间：2004年6月5日
购买地点：上海藏宝楼地摊
成交价格：2500.00元

167.磁州窑米黄釉褐彩茶盏
元（公元1271-1368年）
高：4厘米
口径：10.6厘米
底径：4厘米
购买时间：2012年7月21日
购买地点：上海藏宝楼地摊
成交价格：摊主附送

实样览要

·宋元花卉印纹的特征对比

对比的视觉效果，元代花卉印纹比南宋花卉印纹更细腻精致。

97.南宋花卉纹

151.元花卉纹

162.元花卉纹

164.元花卉纹

168.花卉纹梅瓶
明嘉靖-万历（公元1522-1620年）
高：16.5厘米
口径：3.5厘米
足径：6厘米
购买时间：2006年2月17日
购买地点：天津沈阳道古玩城商铺
成交价格：4600.00元

169.人物纹瓷板
明崇祯（公元1628-1644年）
长×宽：43×43厘米
购买时间：2004年5月15日
购买地点：安徽寿县古玩商铺
成交价格：1900.00元

[淘瓷考辨] 要学会从白瓷特征去分析青花瓷

掌握白瓷的演变和釉色特征是掌握鉴定青花瓷、彩釉瓷的基础之一，因为白瓷是生产青花、彩釉瓷的基础。譬如，你要鉴定青花、彩釉瓷，基础的鉴定方法之一是什么呢？那就是看白瓷是否符合当时朝代的白瓷特征。例如元代青花瓷，如果没有元代当时的白瓷特征，那就可以断定为仿品。同样明清时期的产品都可以采用这样的观察方法。

171.人物纹罐
明万历（公元1573-1620年）
高：14.2厘米
口径：5.6厘米
底径：7厘米
购买时间：2006年2月11日
购买地点：南京朝天宫地摊
成交价格：1600.00元

170.奇石花卉纹花觚
明崇祯-清顺治（公元1628-1661年）
高：21厘米
口径：8.5厘米
底径：7厘米
购买时间：2006年10月6日
购买地点：太原古玩城商铺
成交价格：8000.00元

172.缠枝纹耳瓶、鼎式三足炉
明景泰（公元1450-1456年）
瓶高：9.5厘米　炉高：7厘米
口径：3.5厘米　口径：4.5厘米
足径：3.5厘米　足径：4.5厘米
购买时间：2007年9月25日
购买地点：西安朱雀门古玩地摊
成交价格：4200.00元（三只）

实样览要

·明代青花白瓷的釉面呈色

明清时期白瓷釉面呈青白色为透明白釉的共同特点，区别在于各朝的呈色对比有不同的色差。

232.洪武光泽感不强

183.弘治白中闪灰

172.景泰肥润呈黄白

229.万历乳白、青白

173.德化窑狮首筒瓶
明晚期（公元1522-1644年）
高: 24.5厘米
口径: 7.2厘米
底径: 8厘米
购买时间: 2012年3月18日
购买地点: 上海藏宝楼地摊
成交价格: 7000.00元

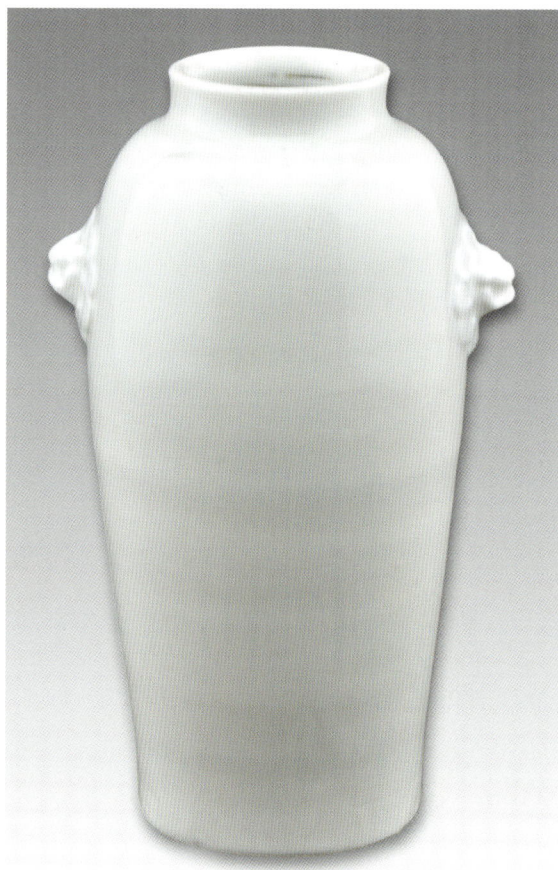

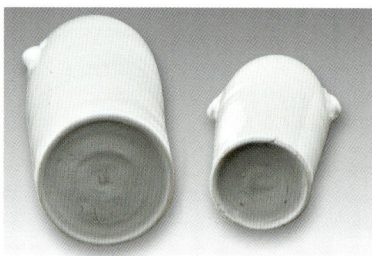

174.德化窑狮首筒瓶
明晚期（公元1522-1644年）
高: 15厘米
口径: 4.3厘米
底径: 5.9厘米
购买时间: 2005年3月26日
购买地点: 上海藏宝楼地摊
成交价格: 4200.00元

[淘瓷考辨] 反复细辨和掌握白瓷色差事半功倍

不同时期的白瓷，它们之间有截然不同的色差。白瓷在北朝就有了，但是真正烧制成功是在隋代。白瓷与青瓷的着色元素一样，只是其含铁元素降到百分之一以下，就为白瓷。明代洪武白釉瓷尚有元卵白釉瓷的痕迹，而到了永乐又创烧了釉质洁白的甜白釉瓷。宣德白釉又不同于永乐，釉面多见橘皮纹，等等。所以我们在学习时，应该把不同时期白瓷色差的关系梳理清楚，熟悉它们之间的差异，而这些差异可以让我们听明白，它们各自述说的出生年代的故事。

175.德化窑狮首筒瓶
明晚期（公元1522-1644年）
高：19.3厘米
口径：5.5厘米
底径：8厘米
购买时间：2002年12月28日
购买地点：上海藏宝楼地摊
成交价格：2800.00元

176.景德镇白釉四棱瓶
明嘉靖（公元1522-1566年）
高：16厘米
口径：3.5×5厘米
足径：3×5厘米
购买时间：2008年4月12日
购买地点：上海藏宝楼商铺
成交价格：6000.00元

177.景德镇白釉鼓钉纹贴足筒炉
明正德（公元1506-1521年）
高：7厘米
口径：9厘米
足径：7.5厘米
购买时间：2003年9月22日
购买地点：北京劲松古玩城商铺
成交价格：1600.00元

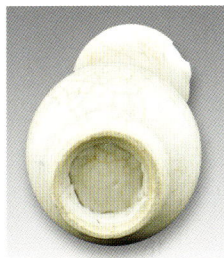

178.景德镇仿哥釉敞口瓶
明万历（公元1573-1620年）
高：11.8厘米
口径：4.5厘米
足径：3.5厘米
购买时间：2003年5月10日
购买地点：扬州天宁寺地摊
成交价格：120.00元

实样览要

·识别色差，会带给您细微之处见"真情"

掌握和分辨色彩中的色差，对鉴定年代和窑场很重要。色差叙述出身，色差记载时光，色差诉说真伪。

177.明正德细白闪灰　　176.明嘉靖细润黄白　　175.明德化象牙白色　　215.明漳州白釉米色

179.龙泉窑刻画棒槌瓶
明（公元1368-1644年）
高：20厘米
口径：4厘米
足径：5.5厘米
购买时间：2012年12月27日
购买地点：上海藏宝楼商铺
成交价格：4000.00元

[淘瓷考辨] 塑、刻、印装饰包含人文精神最丰富的内容

长期以来，中国陶瓷传统工艺沿袭的是作坊师傅带徒弟的言传身教的方式，因此历史文献记载的很少。中国陶瓷传统工艺技术，在手工艺、审美情趣、人文精神等结合方面，形成了独特的文化价值，如果能够将此发扬光大，不仅对辉煌中国科学技术史，而且对丰富现代文化生活都是十分有意义的事情。我们的瓷器收藏中，采用塑、刻、印工艺装饰的陶瓷器就不下百余种，面对这些构思巧妙、工艺精湛的瓷器，我们每个人都会从内心发出由衷的赞叹，一定会被这些匠师们的创造精神所折服。

180.福建窑口钵式炉
明（公元1368-1644年）
高: 14.5厘米
口径: 28.5厘米
底圈: 12.2厘米
购买时间: 2012年11月22日
购买地点: 宁波范宅古玩商铺
成交价格: 3000.00元

181.龙泉窑贴足筒炉
明（公元1368-1644年）
高: 6.5厘米
口径: 11厘米
足径: 6厘米
购买时间: 2008年5月1日
购买地点: 南京朝天宫地摊
成交价格: 4800.00元

182.龙泉窑刻画纹贴足炉
明（公元1368-1644年）
高: 7厘米
口径: 10厘米
足径: 6.5厘米
购买时间: 2009年3月22日
购买地点: 上海藏宝楼商铺
成交价格: 3000.00元

实样览要

· 元明龙泉窑三足炉的底部特征

谓之器，都有底和足。每一个窑场器物的底与足都有特点，它们各时期之间是一脉相承的继承与发展的关系，这也是断代和断窑场的主要依据。

146.元

150.元

181.明

182.明

183.人物纹贴足筒炉
明弘治（公元1488-1505年）
高：9厘米
口径：17厘米
足径：13厘米
购买时间：2008年7月28日
购买地点：上海天山茶城古玩商铺
成交价格：8000.00元

184.人物纹圈足炉（适合纹样展示）
明景泰（公元1450-1456年）
高：7厘米
口径：8.5厘米
足径：4.5厘米
购买时间：2005年9月17日
购买地点：上海藏宝楼地摊
成交价格：700.00元

[淘瓷考辨] 陶瓷器的传统纹饰

理解传统纹饰的意蕴，是提高鉴赏水平的一个很重要的方面。中国古代陶瓷器的纹饰，凸现时代文化影响并不断变化。例如秦汉时代，装饰画蓬勃发展，动物造形题材也较多；唐代人崇尚丰满，就缠枝纹的题材也富丽；明清多于吉祥的题材和文人绘画，瓷艺上的彩绘也紧追不舍，等等。所以要学会勤查资料，多求教，掌握和了解这些纹饰反映的历史信息和文化意蕴，这也有助于丰富我们自己的历史文化知识。

185.淡描人物纹三乳足钵式炉
明万历（公元1573-1620年）
高: 6厘米
口径: 12厘米
购买时间: 1998年5月2日
购买地点: 北京劲松古玩商铺
成交价格: 5000.00元

186.淡描花卉纹三乳足钵式炉
明万历（公元1573-1620年）
高: 9厘米
口径: 18厘米
购买时间: 2001年5月24日
购买地点: 香港活里荷道古玩店
成交价格: 5000.00元

187.开光菊花纹三足筒炉
明万历（公元1573-1620年）
高: 12厘米
口径: 15厘米
足径: 13厘米
购买时间: 2002年9月13日
购买地点: 北京潘家园商铺
成交价格: 800.00元

188.青花褐彩竹节炉
明天启（公元1621-1627年）
高: 10.5厘米
口径: 13厘米
足径: 11.5厘米
购买时间: 2012年3月17日
购买地点: 苏州文庙古玩商铺
成交价格: 5500.00元

实样览要

·青花绘画风格

绘画的时代风格是很重要的非语言视觉识别符号，应细心揣摩与观察。例如: 明正统至天顺年间用青花描绘传统人物为题材的十分少见，而连笔绘画技法也反映了当时在陶瓷器皿上的绘画风格。

184.景泰连笔生动

183.弘治纤细柔和

172.景泰画风自然

171.万历布局繁密

189.淡描青花麒麟纹三乳足钵式炉
明万历（公元1573-1620年）
高: 9厘米
口径: 17厘米
购买时间: 2008年3月7日
购买地点: 上海多宝楼商铺
成交价格: 1.8万元

[淘瓷考辨] 怪异的青花兽纹的源流

陶瓷器用兽纹图案装饰在新石器时代就有了，所以说，兽纹是陶瓷器装饰的古老也是传统题材。同时兽纹图案既反映了政治意识，也反映了文化的吉祥意识。在政治意识方面，龙纹在很长的历史阶段，体现的是政治地位的象征，而更多的则是寓意吉祥的图案。明代青花兽纹的图案开始盛行，但在民窑中这些动物都画得比较怪异，是画技不高；还是有意为之？古人认为，灵兽比较怪异，有独角兽、两头蛇、三足蟾蜍等等，所以在图案上也呈现了怪异的特点。还有的是"谐音"表吉祥，在南方地区"金蟾"与"金钱"是谐音，画一只三足金蟾，作为一种灵物，象征招财进宝、财源茂盛，并寄托着发家致富的美好愿望。

190.海马纹贴足筒炉
明万历（公元1573-1620年）
高：13厘米
口径：13厘米
足径：11.5厘米
购买时间：2005年5月2日
购买地点：北京潘家园商铺
成交价格：780.00元

191.鹿纹贴足筒炉
明弘治（公元1488-1505年）
高：11.5厘米
口径：14.5厘米
足径：11.5厘米
购买时间：2009年4月16日
购买地点：上海藏宝楼地摊
成交价格：2600.00元

193.螭纹三足筒炉
明万历（公元1573-1620年）
高：12厘米
口径：13厘米
足径：12厘米
购买时间：2000年4月5日
购买地点：北京潘家园商铺
成交价格：1200.00元

192.芭蕉麒麟纹贴足筒炉
明万历（公元1573-1620年）
高：16.5厘米
口径：10.5厘米
足径：15厘米
购买时间：2008年6月7日
购买地点：上海藏宝楼地摊
成交价格：2万元

实样览要

·明代中晚期青花绘图的淡描技法

明代中晚期较多的是采用了以淡描青花绘画装饰纹饰，万历年间在青花绘画上，更普遍的是采用了淡描的技法，这也成为鉴定万历器典型特征之一。

187.菊花纹

185.人物纹

186.牡丹纹

189.麒麟纹

194.涩胎堆塑蟠龙蒜头瓶
明弘治（公元1488-1505年）
高: 19厘米
口径: 2.5厘米
足径: 6厘米
购买时间: 2008年5月2日
购买地点: 瑞典斯德哥尔摩古玩店
成交价格: 7800.00元

[淘瓷考辨] 典型器是识别瓷器很重要的非语言符号

明代瓷器的造型，正如耿宝昌先生所言，一般都是丰满、深厚、古朴，器型线条柔和、圆润，给人以质朴、庄重之感。每个朝代的陶瓷器都有其典型的造型，熟悉和掌握典型器很重要，这也是鉴定瓷器很关键的知识。例如三乳足钵式炉，我们曾碰见有的人误以为是水洗，也有的人会以为是水仙花盆，因为在生活中也确实可以替代作水洗或养水仙花使用。三乳足钵式香炉是明代万历时期香炉的典型器型，万历时期仿古器较多，所以万历时期的三乳足钵式炉，往往署款为"玉堂佳器"、"大明成化年制"等堂名款、寄托款。

196.白花花卉纹三乳足钵式炉
明嘉靖（公元1522-1566年）
高：8.5厘米
口径：17厘米
购买时间：2000年3月23日
购买地点：上海藏宝楼商铺
成交价格：260.00元

195.白花仙鹤纹贴足筒炉
明嘉靖（公元1522-1566年）
高：12.5厘米
口径：15厘米
底径：13.5厘米
购买时间：2009年9月26日
购买地点：北京天雅古玩城商铺
成交价格：4600.00元

197.三乳足钵式炉
明万历（公元1573-1620年）
高：10厘米
口径：18.5厘米
购买时间：2007年6月23日
购买地点：北京劲松古玩城商铺
成交价格：4800.00元

实样览要

·元明时期的彩绘装饰工艺
以彩色颜料绘画装饰而成的瓷器，称为彩绘瓷器。彩绘装饰不仅仅是釉下釉上，还包括釉中的彩斑装饰，釉中彩的工艺在唐代就有了。

145.釉中彩绘 褐彩

195.釉上彩绘 白花

184.釉下彩绘 青花

188.釉下釉上彩绘
青花釉下，褐彩釉上

198.景德镇竹节三足筒炉
明万历（公元1573-1620年）
高：11.3厘米
口径：14.7厘米
足径：13.8厘米
购买时间：2007年3月18日
购买地点：上海藏宝楼地摊
成交价格：3500.00元

199.吉州窑麒麟纹竹节炉
明万历（公元1573-1620年）
高：12厘米
口径：14.5厘米
足径：13厘米
购买时间：2008年3月27日
购买地点：西安小东门古玩商铺
成交价格：1100.00元

[淘瓷考辨] 明代吉州窑的釉饰特点

彭明翰先生在其编著的《雅俗之间——吉州窑》一书中，主要介绍了宋元时期的吉州窑。书中写到：吉州窑"入元以后逐渐衰弱"。过去我们初涉吉州窑时，只了解宋代吉州窑的黑釉、褐釉、剪贴花瓷，并不知道元代以后吉州窑还有生产，所以在见到明代万历哥釉青花撇口瓶、三足炉时，都以为是景德镇窑的产品。耿宝昌先生所著《明清瓷器鉴定》一书认为："常见的万历哥釉青花器瓶、樽、罐、缸、薰、洗、炉等，究竟是江西省的景德镇窑或吉州窑所烧，还是广东省漳州窑所烧，目前尚未定论。这类器物，大多胎体粗糙厚重，衔接痕明显，底足处理多不规整，釉面闪米黄色或黄色开片的纹路并非常见的黑色，而是粉红色。青花色调为蓝中泛黑或发灰的回青色。"

200.吉州窑青花折枝蝴蝶纹竹节炉
明万历（公元1573-1620年）
高: 12.2厘米
口径: 15.3厘米
足径: 14.8厘米
购买时间: 2004年5月1日
购买地点: 南京朝天宫地摊
成交价格: 400.00元

201.景德镇素面竹节炉
明万历（公元1573-1620年）
高: 12厘米
口径: 14厘米
足径: 13厘米
购买时间: 2002年4月16日
购买地点: 苏州文庙古玩地摊
成交价格: 800.00元

202.吉州窑青花折枝蝴蝶纹竹节炉
明万历（公元1573-1620年）
高: 12.8厘米
口径: 15.5厘米
底径: 15厘米
购买时间: 2007年7月7日
购买地点: 山西五一广场地摊
成交价格: 900.00元

203.吉州窑素面竹节炉
明万历（公元1573-1620年）
高: 12.5厘米
口径: 14.8厘米
足径: 13.5厘米
购买时间: 2008年4月13日
购买地点: 上海藏宝楼地摊
成交价格: 600.00元

实样览要

·纹饰中的吉祥动物

明代瓷器中的动物都寓意吉祥。鹿音谐"禄"，鹤与道人云游有"高升"的意思，麒麟在民间为送子神物，蝶与"耋"同音。

191.鹿

195.仙鹤

199.麒麟

200.蝴蝶

204.竹节筒炉
明（公元1368-1644年）
高：7.5厘米
口径：11.5厘米
足径：10厘米
购买时间：2009年4月23日
购买地点：上海多宝楼商铺
成交价格：1.2万元

[淘瓷考辨] 明代德化窑的手感

德化窑的产品历史悠久。宋元以来，德化窑的产品就已初具规模，而到了明代，是德化窑陶瓷生产的又一高潮。对现代的仿制品，有一位鉴定专家曾说过："现在的仿制品，比德化还德化"，其意思是仿古的水平已经相当高了。但是现代德化窑的产品（不是指高仿瓷），采用注浆的成型工艺，与古瓷相比在掂量时重量要来得轻。手感是一个很重要的识别符号，我们可以用语言描述器型、纹饰、釉色等等，来说明是一个时期的陶瓷器特征，但是绝对不能用份量来说明，因为瓷器是手工产品，它不会有产品的重量标准。但是一个时期或用某一种工艺生产的瓷器的重量，它会有一个轻重的状态，这种状态要通过用手掂量来感觉的。

205.筒炉
明嘉靖-万历（公元1522-1620年）
高：8厘米
口径：11厘米
足径：10.5厘米
购买时间：2007年3月23日
购买地点：南通文庙古玩商铺
成交价格：5000.00元

206.筒炉
明嘉靖-万历（公元1522-1620年）
高：12.2厘米
口径：14厘米
足径：11.4厘米
购买时间：2002年8月11日
购买地点：蚌埠古玩商铺
成交价格：650.00元

207.筒炉
明嘉靖-万历（公元1522-1620年）
高：7厘米
口径：7.5厘米
足径：6.5厘米
购买时间：2005年4月17日
购买地点：南通文庙古玩商铺
成交价格：1600.00元

实样览要

·掂量后的手感信息

鉴定瓷器"掂掂份量"获取或感觉器物的重量，是一个很重要的识别方法。例举下述四件瓷器工艺精，器型薄，现代仿这类器型，手感份量一般都要重些。

70.斗笠碗

81.素面碟

205.德化筒炉

208.盏式炉

208.簋式炉
明嘉靖-万历（公元1522-1620年）
高: 3.5厘米
口径: 9厘米
足径: 5.5厘米
购买时间: 2000年4月26日
购买地点: 西安八仙庵古玩商铺
成交价格: 1200.00元

[淘瓷考辨] 德化窑的釉面特征

三方面特征: 1.釉色。明代的德化窑釉表凝脂如玉，釉中隐浅肉红、牙白，也有少量中温烧制产生的米黄色; 2.气泡的疏密。在强光源或放大镜下观察，釉层气泡疏朗，大小分布不均匀; 3.缩釉点。明清德化瓷一般都含有少量的、自然分布的缩釉点。明清德化窑在不同时期都呈现十分明显的阶段性烧制"缺陷"，除缩釉点普遍存在以外，明代中温产生的米黄色，以及各个不同时期白釉的颜色的差异都十分明显。

209.兽足扁炉
明嘉靖-万历（公元1522-1620年）
高: 5.5厘米
口径: 15.5厘米
足径: 7.5厘米
购买时间: 2000年4月17日
购买地点: 西安朱雀门古玩商铺
成交价格: 1600.00元

210.狮首炉
明嘉靖-万历（公元1522-1620年）
高: 4厘米
口径: 8.5厘米
足径: 5.5厘米
购买时间: 2000年4月26日
购买地点: 西安八仙庵古玩商铺
成交价格: 1000.00元

211.狮首炉
明嘉靖-万历（公元1522-1620年）
高: 3.5厘米
口径: 9厘米
足径: 5.5厘米
购买时间: 2000年4月26日
购买地点: 西安八仙庵古玩商铺
成交价格: 1000.00元

实样览要

·古陶瓷较为常见的缩釉点

陶瓷器的釉表有个别针眼状态，在鉴定时称为缩釉点，是古陶瓷中比较普遍的现象。

26.青瓷　　　　143.青白釉　　　　165.邛窑绿釉　　　　211.德化白瓷

212.乐平窑青花人物纹三足筒炉
明嘉靖-万历（公元1522-1620年）
高：12.5厘米
口径：19.5厘米
底径：17.3厘米
购买时间：2011年11月13日
购买地点：上海藏宝楼地摊
成交价格：6100.00元

[淘瓷考辨] 器表的色泽释放的信息

我们如果去体会一下生活中的现象，通常去辨识生活用品的新旧，主要是看它颜色的色泽。我们去商店买服装，款式尺寸都满意，但是你感觉这件衣服不新，疑似别人的退货，这个判断主要来源于对色泽的感觉。我们看瓷器一般也是这样，先看它的新旧，再看它的年份、窑场，从而综合分析它的收藏价值。

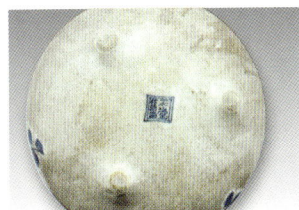

213.吉州窑青花折枝花纹三乳足炉
明万历（公元1522-1620年）
高: 7.2厘米
口径: 14.5厘米
购买时间: 2013年3月31日
购买地点: 南通文庙古玩商铺
成交价格: 1.15万元

214.景德镇豆青釉贴足筒炉
明弘治（公元1488-1505年）
高: 11.5厘米
口径: 15.5厘米
足径: 11.5厘米
购买时间: 2013年2月14日
购买地点: 江苏兴化板桥故居商铺
成交价格: 4100.00元

215.漳州东溪窑白釉米色竹节炉
明（公元1368-1644年）
高: 6.5厘米
口径: 8厘米
足径: 7.5厘米
购买时间: 2009年7月18日
购买地点: 上海藏宝楼古玩市场商铺
成交价格: 900.00元

实样览要

·明代青花人物纹的绘画特征

各时期的人物纹饰的表现方法，受当时的绘画名家和流行笔法的影响，都有鲜明的时代画风，这需要学会细微之处的比较和观察。

184.景泰青花

183.弘治青花

212.嘉靖万历乐平窑青花

171.万历青花

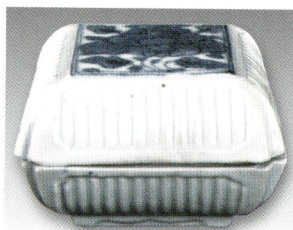

216.青花花卉纹方型盖盒
明嘉靖（公元1522-1566年）
高：6.2厘米
口径：8.7×8.7厘米
足径：7.5厘米
购买时间：2011年9月3日
购买地点：上海藏宝楼地摊
成交价格：2200.00元

217.青花水注
明中晚期（公元1436-1644年）
高：10.5厘米
足径：6.2×3.1厘米
购买时间：2003年3月15日
购买地点：合肥城隍庙古玩商铺
成交价格：450.00元

[淘瓷考辨] 器型能帮助你识货

熟悉器型会有助于你选择瓷器时作出判断。陶瓷文具是器型最丰富的品种，也是器型的时代特征最明显的品种。同一类文具不同的器型会对收藏的价值产生影响，例如历代的盖盒，它含有圆盒、银锭式盒、方盒、长方盒，那么通常会是银锭式盒、方盒、长方盒的价值要高于圆盒，因为异型器的工艺复杂，制作费时费力，故有一方顶十圆之说。物以稀为贵，这就要求学会"识货"，它会告诉你哪些价廉物美和更值得收藏。

218.影青釉笔山
明万历（公元1573-1620年）
高：9.5厘米
底径：5.6×2.7厘米
购买时间：2005年12月25日
购买地点：上海宛平南路花鸟市场商铺
成交价格：180.00元

219.青花葵瓣口折沿洗
明嘉靖（公元1522-1566年）
高：2厘米
口径：8厘米
足径：3厘米
购买时间：2000年4月9日
购买地点：上海藏宝楼商铺
成交价格：80.00元

220.青花鞋形水丞
明正德（公元1506-1521年）
高：3.5厘米
底径：8.5×3.5厘米
购买时间：2009年4月23日
购买地点：上海藏宝楼商铺
成交价格：600.00元

221.青花回纹鞋形水丞
明正德（公元1506-1521年）
高：3厘米
底径：9.8×3.8厘米
购买时间：2000年8月5日
购买地点：上海藏宝楼地摊
成交价格：150.00元

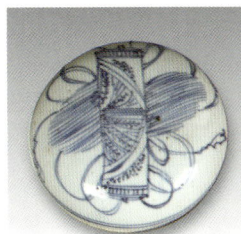

222.淡描青花绵地纹盖盒
明万历（公元1573-1620年）
高：5.5厘米
口径：7厘米
足径：5.5厘米
购买时间：2000年4月29日
购买地点：北京潘家园商铺
成交价格：380.00元

实样览要

·盖盒器型的变化

盖盒的器型给人的识别符号是从唐代开始由高到矮，明代以后又再呈现多样性发展。

37.唐

64.宋

153.元

222.明

223.葵瓣口开光折沿碗
明万历（公元1573－1620年）
高：5厘米
口径：14.5厘米
足径：8厘米
购买时间：2006年9月24日
购买地点：北京劲松古玩城商铺
成交价格：1700.00元

224."万古长青"纹弧壁碗
明崇祯（公元1628－1644年）
高：6厘米
口径：11.5厘米
足径：4厘米
购买时间：2008年8月24日
购买地点：北京劲松古玩城商铺
成交价格：2200.00元（两只）

[淘瓷考辨] 梅、兰、竹、菊、荷纹饰的人格化意义

有很多花卉纹只具有阶段性纹饰的特征，例如萱草、苜蓿花、忍冬。但梅、兰、竹、菊、荷纹饰是器表装饰最传统的吉祥纹饰，这与传统习俗、道德观念很有关系，因为这些花卉的植物特性都可比拟人格、吉祥、道德规范的象征意义。例如，莲花。莲花出淤泥而不染，濯清涟而不妖，中通外直，被喻为君子，而莲莲多子，又有生殖崇拜的涵义。

225.凤穿云纹撇口碗
明万历（公元1573-1620年）
高：5.5厘米
口径：13厘米
足径：5厘米
购买时间：2007年11月20日
购买地点：北京古玩城商铺
成交价格：2600.00元（两只）

226.缠枝牡丹纹弧壁碗
明嘉靖（公元1522-1566年）
高：8厘米
口径：15厘米
足径：5.5厘米
购买时间：2005年5月1日
购买地点：上海天山茶城古玩商铺
成交价格：1800.00元

227.松竹梅纹撇口碗
明天顺—成化（公元1457-1487年）
高：7厘米
口径：15厘米
底径：7.5厘米
购买时间：2006年4月23日
购买地点：北京潘家园商铺
成交价格：1600.00元

实样览要

·青花花卉纹饰的绘画特征

器表纹饰中的所绘花卉，也是按照植物的生长特性或花卉的谐音，赋予了祝福吉祥和人格化的意义。

227.天顺—成化松竹梅　　234.弘治苜蓿　　226.嘉靖缠枝牡丹　　202.万历折枝

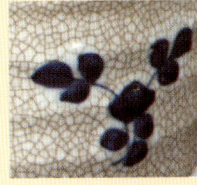

228.菊花纹杯
明正德（公元1506-1521年）
高: 4厘米
口径: 5.5厘米
足径: 3厘米
购买时间: 2006年2月22日
购买地点: 太原市工人文化宫古玩商铺
成交价格: 750.00元（两只）

229.花卉纹敛口碟
明万历（公元1573-1620年）
高: 4.2厘米
口径: 11厘米
足径: 6.2厘米
购买时间: 2006年11月12日
购买地点: 上海天山茶城古玩商铺
成交价格: 1200.00元

[淘瓷考辨] 日用瓷器釉饰表达的不同需求

日用瓷器在人们日常生活中也会有不同需求。一是生活需求，也就是生活实用的需要，我要吃饭就要一只碗；二是兼顾美观，也就是我既要用，但我还需要看上去要舒服，也就是要美观实用；三是炫耀性的，中国的饮食文化内涵丰富，特别是皇宫贵族、仕宦达人的炫耀心理，他们使用的饮食器具也就不惜工本做得十分精致。所以收藏瓷器，应该更重视什么种类，从中可见一斑。

230."福"字纹敞口碟
明弘治-正德（公元1488-1521年）
高：2.7厘米
口径：9.9厘米
足径：5.2厘米
购买时间：2006年11月19日
购买地点：上海藏宝楼地摊
成交价格：300.00元（两只）

231.花卉纹杯
明万历（公元1573-1620年）
高：3.5厘米
口径：7.2厘米
足径：3.1厘米
购买时间：2004年4月18日
购买地点：江西南昌滕王阁古玩地摊
成交价格：20.00元

232.撇口杯
明洪武（公元1368-1398年）
高：3.9厘米
口径：7.2厘米
足径：2.8厘米
购买时间：2007年4月14日
购买地点：上海藏宝楼地摊
成交价格：300.00元

233.花卉纹卧足碟
明弘治（公元1488-1505年）
高：2.6厘米
口径：10厘米
足径：2.8厘米
购买时间：2004年10月17日
购买地点：长春市伪皇宫古玩地摊
成交价格：80.00元

234.花卉纹卧足碟
明弘治（公元1488-1505年）
高：2.6厘米
口径：10厘米
足径：2.8厘米
购买时间：2004年10月17日
购买地点：长春市伪皇宫古玩地摊
成交价格：80.00元

二编

元明时期

实样览要

·明代款识的书写风格
各时期的款识有不同的文字结构、排列方式、色泽深浅等等。嘉靖时期的款识均为楷书体。

219.本朝款　　　226.本朝款　　　196.寄托款　　　228.寄托款

235.德化窑瓷塑笔山
明晚期（公元1522-1644年）
高：8厘米
足径：9.4×2.6厘米
购买时间：2001年7月14日
购买地点：福州文物商店
成交价格：180.00元

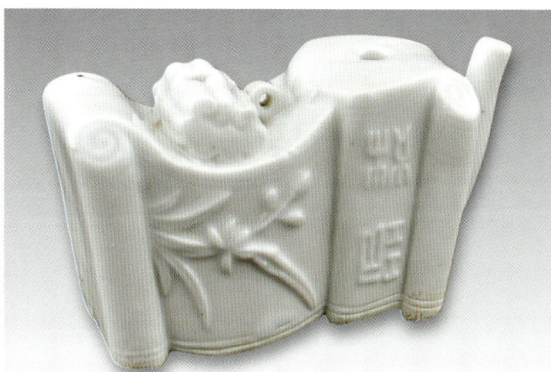

236.德化窑兰花纹壶形水注
明晚期（公元1522-1644年）
高：5厘米
长X宽：6.5×3.5厘米
购买时间：2003年3月22日
购买地点：上海藏宝楼地摊
成交价格：120.00元

[淘瓷考辨] 明代德化窑的装饰艺术

明代德化窑在器表的塑、刻、印装饰技法运用，是中国瓷器工艺最精湛、内容最丰富的时期，我们认为这是其他窑场的产品都是无法和它相比的。瓷杯造型纹饰最丰富的还应数明代德化的产品，器身造型丰富，多与唐宋以来同类金银器和当时的犀角杯造型相似，以及刻画、印花、堆贴等器表装饰工艺十分精湛。

237.景德镇白釉杯
明景泰-天顺（公元1450-1464年）
高: 4厘米
口径: 6.4厘米
足径: 2.3厘米
购买时间: 2012年3月18日
购买地点: 上海藏宝楼地摊
成交价格: 700.00元

238.景德镇青白釉折腰碟
明景泰-天顺（公元1450-1464年）
高: 2.5厘米
口径: 11.8厘米
足径: 6.2厘米
购买时间: 2004年11月13日
购买地点: 上海藏宝楼地摊
成交价格: 150.00元（两只）

239.弧壁圈足碗
明中期（公元1436-1522年）
高: 5厘米
口径: 11.8厘米
足径: 4.6厘米
购买时间: 2005年7月10日
购买地点: 上海云洲商厦古玩商铺
成交价格: 1600.00元（两只）

240.德化窑菊纹盖盒
明嘉靖-万历（公元1522-1620年）
高: 5.5厘米
口径: 12.5厘米
足径: 8厘米
购买时间: 2006年5月23日
购买地点: 北京劲松古玩城商铺
成交价格: 5500.00元

实样览要

· 明代的刻画与贴塑

到了明代，由于瓷器装饰手法的多样化，刻画这种费工费时的装饰技法已不适应增产的需求，与宋代刻画相比已处于衰弱状态，而贴塑工艺迅速发展并更显精致。

179.刻画

180.刻画

173.贴塑

243.贴塑

241.龙虎杯
明中晚期（公元1436-1644年）
高: 6.5厘米
口径: 8×10.5厘米
购买时间: 1999年9月29日
购买地点: 北京亮马河古玩商铺
成交价格: 200.00元

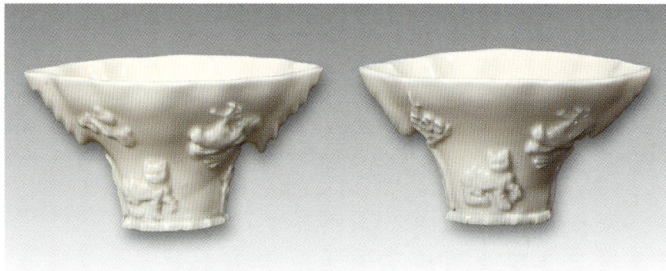

242.龙虎杯
明中晚期（公元1436-1644年）
高: 6厘米
足径: 3.4厘米
购买时间: 2004年9月12日
购买地点: 北京潘家园商铺
成交价格: 1000.00元（两只）

243.梅花马蹄杯
明中晚期（公元1436-1644年）
高: 6.5厘米
足径: 4.5×3.4厘米
购买时间: 2007年12月1日
购买地点: 上海藏宝楼地摊
成交价格: 800.00元

[淘瓷考辨] 要熟悉市场交易规则

要学会充分利用市场的合理规则。古玩市场也有其交易的"潜规则"，这些交易的"潜规则"有其合理成分，觅瓷时应充分利用这些规则。例如，在地摊买藏品时，当自己判断不准，但价格却很诱人时，往往会产生侥幸心理，一旦买对了，自己就赚了。购买古玩没有"一旦"，自己判断不准，放弃就是原则，这应该成为收藏的一种行为规范，可以避免损失。地摊市场上的卖主是流动的，买任何价位的藏品，应该要有了准确判断后才去购买。但同时，地摊交易的"潜规则"是可以退货的，一般买主要承担成交价格10%的费用，也就是说懂规矩的"摊主"对买主愿意承担10%费用要求退货是无条件的。例如，你买了一只价格5000元的古董花瓶，事后你认为是假的要退货，他退给你4500元是规矩，无需多费口舌。所以应该在交易时留下卖主的联系方式，重申一下退货的要约，避免或减少一些损失。

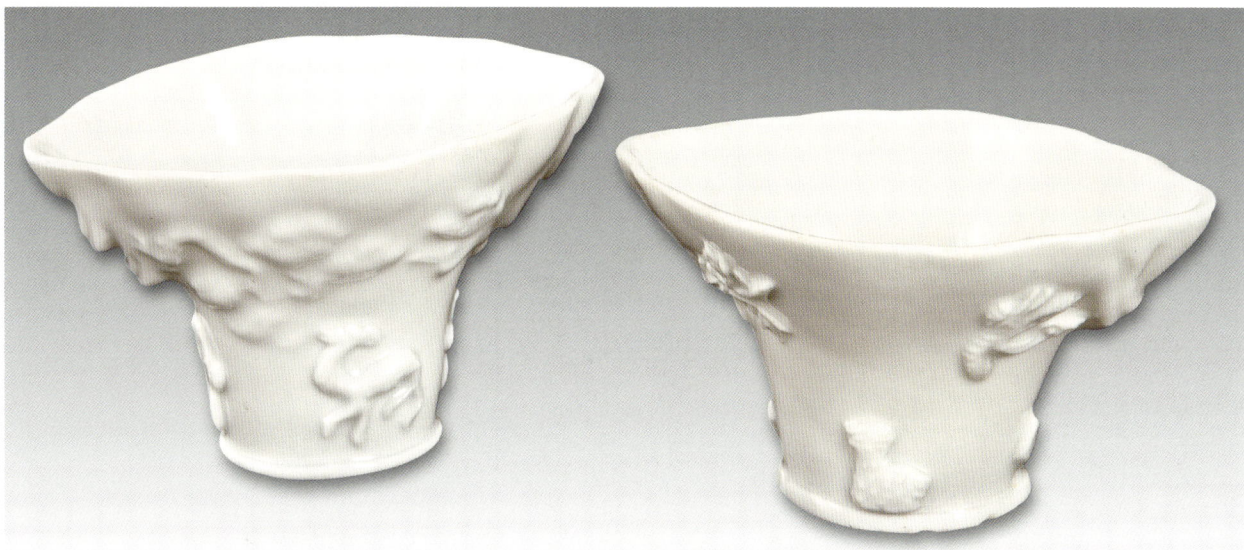

244.龙虎杯
明中晚期（公元1436-1644年）
高：5.8厘米　5厘米
足径：3.7厘米　4厘米
购买时间：2011年10月7日
购买地点：上海岚皋路花木市场地摊
成交价格：1000.00元（两只）

245.八仙印纹八角杯
明中晚期（公元1436-1644年）
高：6厘米
口径：8×10厘米
足径：3×4.5厘米
购买时间：1998年10月2日
购买地点：北京亮马河古玩商铺
成交价格：200.00元

246.素面八角杯
明中晚期（公元1436-1644年）
高：3.7厘米
口径：7.1厘米
足径：5.4厘米
购买时间：2012年9月26日
购买地点：北京石景山工艺品市场商铺
成交价格：50.00元

实样览要

·德化窑的雕塑装饰

明代德化窑的装饰艺术，是德化瓷工艺最精湛、内容最丰富的时期。德化窑的装饰工艺的成就，体现在"雕"、"塑"的工艺技术和外部丰富造型，以及刻画、印花、堆贴等器身的外表装饰上。

288.宋模塑

287.元塑印

247.明雕塑

241.明堆贴

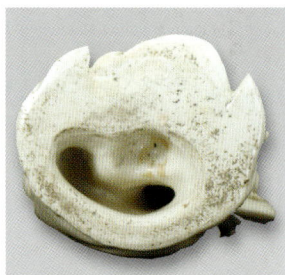

247.德化窑观音菩萨像（背款宣德）
明晚期（公元1522–1644年）
高：12.5厘米
底径：6厘米×8厘米
购买时间：2009年10月12日
购买地点：上海藏宝楼商铺
成交价格：2万元

[淘瓷考辨] 独具匠心的塑雕瓷饰艺术

塑雕瓷饰是塑、刻、印三种技法的综合艺术。所使用的工具分别为手塑、刀刻、模印，塑雕还可以分为堆塑、捏塑、模塑。堆雕是立体状泥条贴于坯体上的一种装饰技法，早在河姆渡文化时期就已出现，唐宋时期较多地用在瓶、罐等大型器物的装饰上。捏雕，也叫捏花，以写实的手法塑造动植物等自然形象。塑雕工艺总体上呈现了一个由简单单一向复杂的综合工艺施用的发展过程。例如璎珞纹，是用瓷泥小圆珠粘贴在模塑加工后的瓷胎上或用瓷泥粘贴后刻画横段而组成璎珞图案，达到很有立体感的装饰效果。明清时期较多的瓷塑菩萨像多以此装饰。

249.景德镇观音菩萨像
明宣德至正统（公元1426-1449年）
高：15.2厘米
底宽：5.2厘米
购买时间：2011年12月4日
购买地点：上海藏宝楼地摊
成交价格：2100.00元

250.德化窑观音菩萨像
明晚期（公元1522-1644年）
高：24.5厘米
底径：6.5厘米×9厘米
购买时间：2005年5月3日
购买地点：丹麦哥本哈根古玩店
成交价格：1.25万元

248.德化窑达摩菩萨像
明晚期（公元1522-1644年）
高：9.5厘米
底径：5厘米×6厘米
购买时间：1998年4月23日
购买地点：北京古玩城商铺
成交价格：5000.00元

实样览要

·明代的综合技法装饰的瓷器

在元代以前，器表装饰大量运用塑、刻、印装饰手法，而更多的是为了满足美观的需求。明代以后这些装饰手法综合运用并进一步推陈出新，艺术水平迈上了新的高度。

250.佛珠

247.璎珞纹

194.涩胎螭纹

217.兽首纹饰

淘瓷考辨

老子乘牛过关，是中华民族最古老的传说之一。最早的记载见于《史记》：「老子修道德，其学以自隐无名为务。居周久之，见周之衰，乃遂去。至关，关令尹喜曰：「子将隐矣，强为我著书。」于是老子乃著书上下篇，言道德之意五千言而去，莫知所终。」正是这「莫知其终」给后人留下了巨大的想象空间，后人把他的形象想象为大耳下垂、须发皆白，但精神爽朗，神态安详的老者，而且给他设想了交通工具——牛，与人浑然一体，不可分割。传统绘画和其他造型艺术中的「老子出关图」就是这样一位飘逸达观的得道老者。

三编 清代顺治至道光（1840年）时期的陶瓷器

（清顺治至道光：公元1644-1840年）

Chinaware in Shunzhi to
Dao guang Period of Qing Dynasty

（1644-1840）

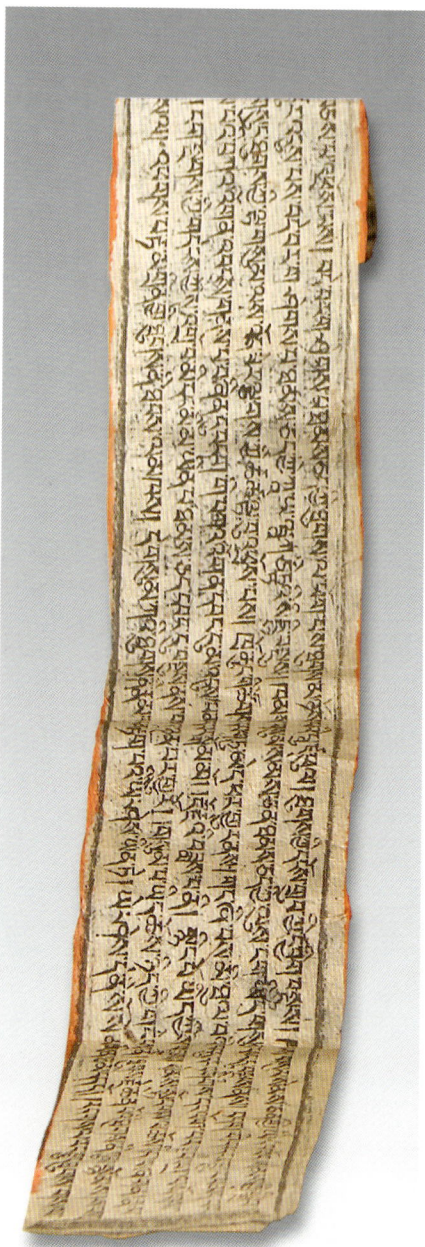

251.墨地素三彩镂空狮纽兽足亭式香薰
清康熙（公元1662-1722年）
高：25厘米
口径：16×16厘米
足径：16×16厘米
购买时间：2010年9月
购买地点：上海多宝楼商铺
成交价格：4万元

[淘瓷考辨] 老子乘牛过关纹饰

老子乘牛过关，是中华民族最古老的传说之一。最早的记载见于《史记》："老子修道德，其学以自隐无名为务。居周久之，见周之衰，乃遂去。至关，关令尹喜曰：'子将隐矣，强为我著书。'于是老子乃著书上下篇，言道德之意五千言而去，莫知所终。"正是这"莫知其终"给后人留下了巨大的想象空间，后人把他的形象想象为大耳下垂、须发皆白，但精神爽朗，神态安详的老者，而且给他设想了交通工具——牛，与人浑然一体，不可分割。传统绘画和其他造型艺术中的"老子出关图"就是这样一位飘逸达观的得道老者。

253.黄釉地三彩红梅奇石纹盘
清康熙（公元1662-1722年）
高：3厘米
口径：21.5厘米
底径：12厘米
购买时间：2004年5月17日
购买地点：北京潘家园商铺
成交价格：1800.00元

252.素三彩人物瓷塑
清康熙（公元1662-1722年）
高：11厘米
购买时间：2000年2月17日
购买地点：瑞典斯德哥尔摩古玩店
成交价格：2800.00元

254.素三彩老子乘牛瓷塑笔插
清康熙（公元1662-1722年）
高：10.2厘米
长×宽：10×5.5厘米
购买时间：2003年3月22日
购买地点：上海藏宝楼地摊
成交价格：850.00元

实样览要

·康熙极富盛名的素三彩

康熙素三彩器物中墨地素三彩是极名贵的品种，三彩瓷塑胎质坚密、造型生动，也都很有收藏价值。

251.康熙

254.康熙

252.康熙

602.光绪

255.如意纹蒜头瓶
清康熙（公元1662–1722年）
高：16厘米
口径：3厘米
足径：6厘米
购买时间：2005年7月12日
购买地点：瑞典哥德堡古玩店
成交价格：2000.00元（两只）

[陶瓷考辨] 一件瓷器就是一个信息载体

掌握白瓷的演变过程和釉色特征是鉴定瓷器的基础，正因为有了白瓷才产生了青花、彩釉瓷。譬如，你要鉴定青花、彩釉瓷，那么需要识别最基础的特征是什么呢？清代不同时期白釉的器表特征也是有差异的，例如雍正时期青花器的釉面，有的呈现橘皮纹特征，不同时期有粉白、浆白、青白等等。如果没有这类特征，那就可以断定其是仿品；如果是现代的乳浊白釉瓷器，尽管它怎么去"伪装"，还用得着去断代吗？所以，这说明釉色在一个特定的场合，也是一个信息符号，这个符号对鉴定尤为重要。

256.折枝纹罐
清顺治（公元1644-1661年）
高：6厘米
口径：6.5厘米
足径：3.5厘米
购买时间：1998年8月6日
购买地点：西安小乐门古玩地摊
成交价格：200.00元

257.紫金釉青花开光博古纹大口尊
清康熙（公元1662-1722年）
高：21厘米
口径：4.5厘米
足径：6厘米
购买时间：2005年8月21日
购买地点：丹麦哥本哈根古玩店
成交价格：2200.00元

258.洞石花卉纹筒瓶
清顺治（公元1644-1661年）
高：20厘米
口径：5厘米
底径：5.5厘米
购买时间：2005年5月24日
购买地点：丹麦哥本哈根古玩店
成交价格：8500.00元

259.菊花纹罐
清雍正（公元1723-1735年）
高：7厘米
口径：3.5厘米
足径：3.5厘米
购买时间：2006年7月24日
购买地点：北京潘家园地摊
成交价格：380.00元

实样览要

·明清青花树叶山石图案

古代民间赏石，侧重于石体的清奇古怪、风骨嶙峋之感，这类奇石作为器表装饰的一个组成部分，丰富了图案的谐趣。

184.景泰

212.明嘉庆-万历

394.清顺治

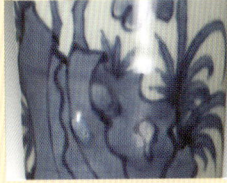

258.清顺治

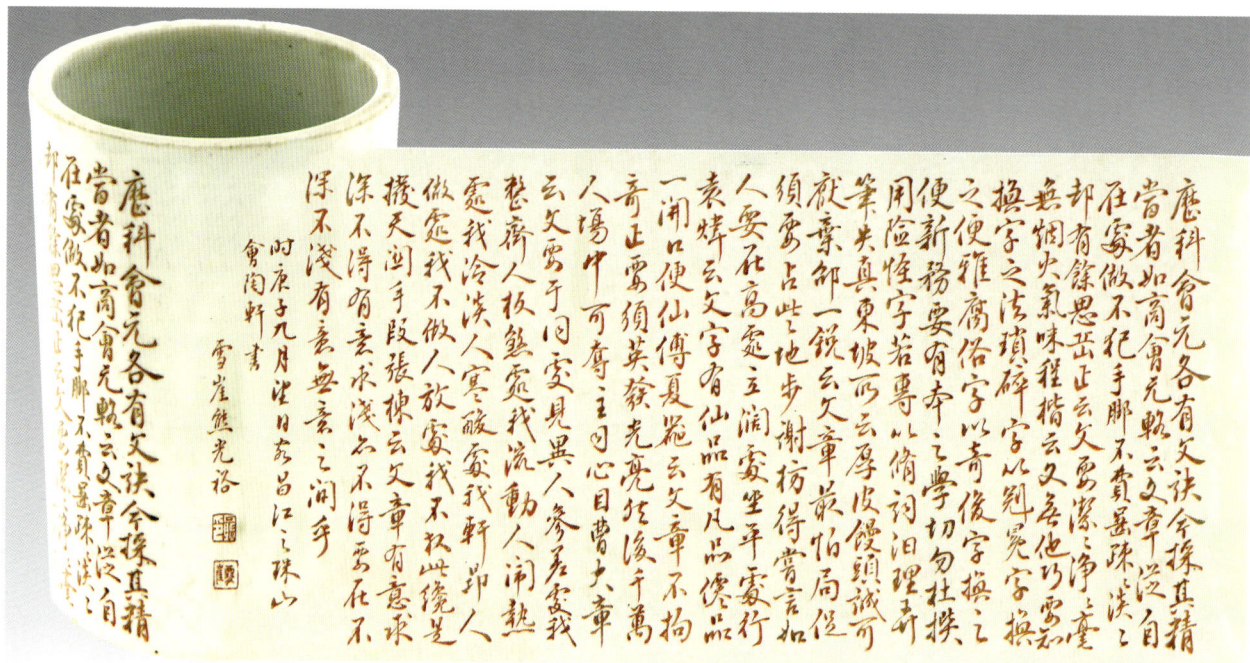

260.釉里红书写笔筒（适合纹样展示）
清顺治十七年（庚子九月望日 公元1660年）
高：11厘米
口径：7.5厘米
足径：7厘米
购买时间：2001年8月4日
购买地点：北京古玩城商铺
成交价格：800.00元

笔筒上红釉书写的内容，是介绍科举考试写文章的诀窍。内容如下：
历科会元，各有文诀，采其精当者，如商会元辂云：文章从自在处做，不犯手脚，不费口齿，疏疏淡淡，却有余思。岳正云：文要洁洁净净，毫无烟火气味。程楷云：文无他巧，要知换字之法，琐碎字以刿冤字换之便雅，腐俗字以奇俊字换之便新。务要有本之学，切勿杜撰，用险怪字。若专以修词汩理，弄笔失真。东坡所云：厚皮馒头诚可厌弃。邵一锐云：文章最怕局促，须要占些地步。谢枋得尝言：如人要在高处立，阔处坐，平处行。袁炜云：文字有仙品，有凡品，仙品一开口便仙。傅夏器云：文章不拘奇正，要须英发光亮，然后千万人场中可夺主司心目。曹大章云：文要于同处见异。人参差处我整齐；人板煞处我流动；人热闹处我冷淡；人寒酸处我轩昂；人做处我不做；人放处我不放；此才是拨天关手段。张栋云：文章有意求深，不得；有意求浅，亦不得；要在不深不浅有意无意之间乎。

时庚子九月望日客昌江之珠山会陶轩书
雪崖 熊光裕（作者：熊光裕，顺治按察司金事，康熙浙江兵备道，四品）

[淘瓷考辨] 清代康熙到清末民初时期的红釉

清代康熙到清末民初（红釉产品明代嘉靖以后停烧，至清代康熙时期复烧，这之间有100年左右时间），这是红釉产品的兴盛时期。康熙时期红釉产品复烧以后，一直到民国初的约250年漫长的时间里，由于工艺创新和进一步掌握了不同的配釉方法，"色"之间产生了很大差异，以红釉为基础，但又分崩离析出许多新的红釉品种。主要有郎窑红、红釉、窑变釉、钧红釉、霁红釉、鲜红釉、豇豆红釉和芸豆红釉、低温红釉的品种等等，又由于不同年代和色阶的差别，有几十种之多，这是其他单色釉产品与其不可比拟的。清代的红釉产品的品种繁多，对其年代和品种的准确辨别，是瓷器鉴定的难点之一。

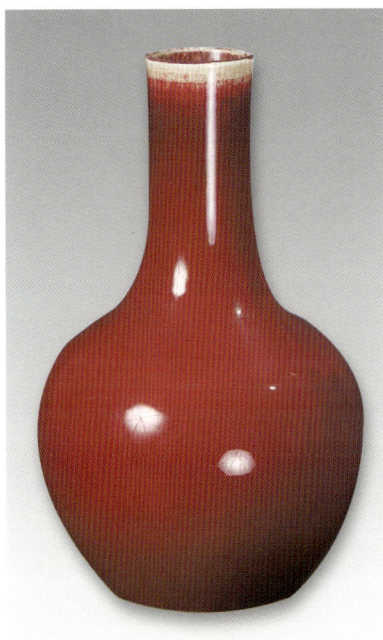

262.霁红釉长颈瓶
清嘉庆（公元1796-1820年）
高：31.5厘米
口径：6.5厘米
足径：11.5厘米
购买时间：2009年6月6日
购买地点：上海多宝楼商铺
成交价格：3500.00元

261.窑变红釉胆瓶
清乾隆-嘉庆（公元1736-1820年）
高：28厘米
口径：3厘米
足径：8厘米
购买时间：2009年4月27日
购买地点：上海藏宝楼地摊
成交价格：3800.00元

263.红釉撇口瓶
清乾隆-嘉庆（公元1736-1820年）
高：12厘米
口径：5厘米
足径：6厘米
购买时间：2008年4月24日
购买地点：上海多宝楼商铺
成交价格：1800.00元

实样览要

·繁多的红釉品名均来源于对色泽的丰富联想

清代以后在红、青、蓝等色釉中又细分出很多品种，品种的名称主要依据颜色之间的差异。其中有的色釉烧制更复杂，成本很高，产品传世稀少，故它们收藏价值是不一样的。

367.乾隆郎窑红

368.乾隆霁红

316.乾隆红釉

262.嘉庆霁红

264.刻印菊花纹牺耳洗口瓶
清乾隆（公元1736-1795年）
高：35.5厘米
口径：20厘米
足径：16厘米
购买时间：2008年9月26日
购买地点：上海藏宝楼地摊
成交价格：2万元

[淘瓷考辨] 瓷器色泽变化的原因

我们如果把日用器色泽自然变化的原因梳理一下，是这样几方面形成的：一是釉色本身的化学反应。假设有一件库存了二三十年的彩绘釉瓷，它的色泽和入库前肯定不同，这说明它本身的色种会发生化学变化。二是光合作用。一只使用的香炉，正面受到光照的原因，颜色要淡一些，而背光部分颜色要深一些，日积月累的光照对瓷器产生的色泽变化，是人难以去伪造的。三是触摸擦拭的原因。由于瓷器在日常使用时人为的触摸擦拭，陶瓷器表面会产生细微丝纹，鉴定术语为"软道"。软道的细微丝纹，用肉眼不仔细看，会不易发现，它会使反光的折射面发生变化，并产生不同的色泽，触摸擦拭形成的软道，也是人为难以刻意去摹仿的。

265.太白尊
清乾隆（公元1736-1795年）
高：16.6厘米
口径：7.2厘米
足径：7.4厘米
购买时间：2003年2月8日
购买地点：南通文庙古玩商铺
成交价格：160.00元

266.观音撇口瓶
清雍正（公元1723-1735年）
高：8.1厘米
口径：2.7厘米
底径：2.6厘米
购买时间：2005年6月18日
购买地点：北京古玩城商铺
成交价格：220.00元

267.豆青釉地青花福字纹石榴尊
清乾隆（公元1736-1795年）
高：22厘米
口径：9.5厘米
足径：12厘米
购买时间：1999年4月29日
购买地点：北京古玩城商铺
成交价格：2200.00元

268.刻印缠枝梅纹大口尊
清乾隆（公元1736-1795年）
高：11.5厘米
口径：14.5厘米
足径：10厘米、
购买时间：2013年3月22日
购买地点：上海藏宝楼商铺
成交价格：7000.00元

实样览要

·传世器的色泽

随着时光流逝，釉的色泽变化是一种量变，这种量变是退浮色而丰泽，同时也会因为自然或人为的原因而有一些很特定的变化。

608.民国粉彩世俗女子

217.明青花

168.明青花

266.清豆青釉

269.豆青刻印釉菊花缠枝纹三乳足炉
清雍正（公元1723-1735年）
高：20厘米
口径：38厘米
足径：18厘米
购买时间：2008年3月8日
购买地点：苏州文庙古玩商铺
成交价格：1.1万元

[陶瓷考辨] 千金买不到后悔药

在淘瓷时对价格的认定有"两性"，即对比性和前瞻性，这是因为陶瓷器物的价格有阶段性的特点。古玩市场藏品的价格都是当时货与货之间价格对比之后确定的，例如元代景德镇枢府窑与福建福清窑的同类产品，枢府窑的产品价格肯定要高一些。所以，你要在市场上以一个合适的价格买到一件心仪的藏品，那你一定要去掌握市场的价格特点。地摊交易的特点在于，相似品种成交价格有时也会有几百、几千、几万的差距，所以在购买之前你应该搞清楚你所需要购买藏品的市场价格，在已确定的价格区域范围内来定。买错了，也就没有后悔药吃了。

270.粉青釉刻印葵花纹折沿盘
清雍正（公元1723-1735年）
高: 4.5厘米
口径: 26厘米
足径: 13厘米
购买时间: 2004年3月14日
购买地点: 北京潘家园地摊
成交价格: 1000.00元

271.冬青釉敛口碟
清乾隆（公元1736-1795年）
高: 3厘米
口径: 8.5厘米
足径: 4厘米
购买时间: 2002年7月4日
购买地点: 太原工人文化宫古玩商铺
成交价格: 220.00元（两只）

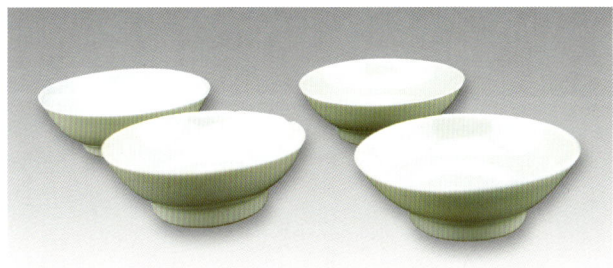

272.影青釉敞口碟
清嘉庆（公元1796-1820年）
高: 2.2厘米
口径: 7.6厘米
足径: 5厘米
购买时间: 2012年9月26日
购买地点: 北京石景山工艺品市场商铺
成交价格: 160.00元（四只）

273.豆青釉刻印梅纹筒式炉
清嘉庆（公元1796-1820年）
高: 8厘米
口径: 9.5厘米
足径: 9.5厘米
购买时间: 2009年7月23日
购买地点: 上海藏宝楼商铺
成交价格: 680.00元

实样览要

·清代青釉的品种

清代瓷釉总体上不及明代肥腴光亮, 这在青釉品种上有很典型的反映, 施釉稀薄, 色泽略显清白。

265.豆青　　270.粉青　　271.冬青　　272.影青

274.仿哥釉太白尊
清雍正（公元1723－1735年）
高：38.5厘米
口径：11厘米
底径：13.5厘米
购买时间：1998年4月18日
购买地点：嘉兴古玩商铺
成交价格：3600.00元

275.仿玉釉三系罐
清乾隆（公元1736－1795年）
高：22厘米
口径：20厘米
足径：14厘米
购买时间：2004年1月4日
购买地点：上海藏宝楼地摊
成交价格：600.00元

[陶瓷考辨] 颜色釉瓷的鬼斧神工

颜色釉瓷的魅力在于，是去人工雕塑瓷饰之美和彩绘瓷的人工匠意而富天然韵致，颜色是生活中的语言，它带给人们的是美丽的幻想空间。颜色釉瓷是在古代青釉的基础上，工匠们巧妙地掌握了各种金属氧化物在不同温度条件下的变化规律，创造出的丰富多彩的品种，它同时满足人间对众彩纷呈的自然美的感觉。仿哥釉按釉色肌理为裂纹釉，其釉面有玉石的光泽又无强烈的反射光，古朴沉静。所以说，颜色釉瓷的呈色并非工匠的主观意志所能左右，真所谓鬼斧神工所致，它的奇妙和欣赏价值也在于此。

276.仿哥釉橄榄瓶
清乾隆（公元1736-1795年）
高：10.5厘米
口径：2.5厘米
足径：3.5厘米
购买时间：1998年7月30日
购买地点：上海友谊商店
成交价格：1600.00元（两只）

277.仿哥釉鳝血红萝卜尊
清乾隆（公元1736-1795年）
高：13厘米
口径：2.2厘米
足径：3.7厘米
购买时间：2005年7月30日
购买地点：山西八一广场古玩地摊
成交价格：800.00元

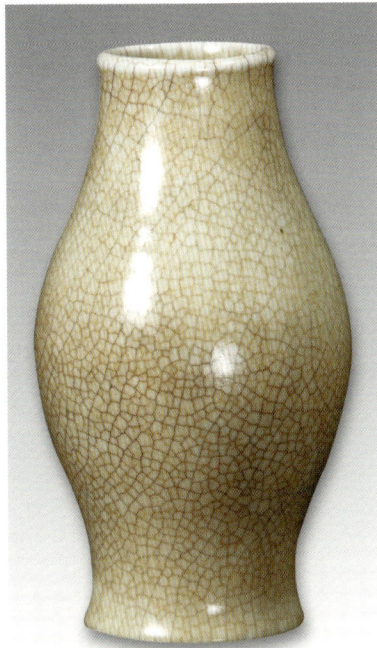

279.仿哥釉七星盘
清乾隆（公元1736-1795年）
高：5.6厘米
口径：26.8厘米
足径：15.5厘米
购买时间：2011年11月5日
购买地点：上海藏宝楼地摊
成交价格：1300.00元

278.仿哥釉橄榄瓶
清乾隆（公元1736-1795年）
高：14.5厘米
口径：4厘米
足径：5厘米
购买时间：2005年9月23日
购买地点：南通文庙古玩商铺
成交价格：700.00元

实样览要

· 从自然现象的自由王国到走向人为创意的必然王国的颜色瓷

利用胎、釉物理性能不同产生的裂纹器表做装饰，是从一个烧制过程中的自然现象到人为方法使然的过程。根据不同的纹理特征给予了不同品名诸如：冰裂纹、牛毛纹等。

288.自然纹片的白釉

167.自然纹片的米黄釉

198.仿哥釉

274.仿哥釉

280.景德镇仿雕漆蓝釉夔纹兽耳尊
清乾隆（公元1736-1795年）
高：30厘米
口径：9×10厘米
足径：9×11.5厘米
购买时间：2010年10月
购买地点：上海多宝楼商铺
成交价格：4万元

[淘瓷考辨] 颜色单一但呈色丰富的颜色釉瓷

雕塑瓷、青花彩瓷和颜色釉瓷，这三种款式，呈色最丰富也最难辨识的就是颜色釉瓷。颜色釉是利用釉中掺入的不同金属氧化物为着色剂，在不同的温度的焰性烧制中，釉面呈现的各种不同的颜色，这与穿着雕塑、彩瓷"外套"的器物相比，颜色釉就好比是单一色"制服"，没有人工匠意的纹饰呈现的意识和文化，而更赋天然韵致。由于颜色釉是不同的温度烧制的产品，所以按烧制的温度分类，有高、中、低温颜色釉三种。根据清《南窑笔记》所载：釉分炉内颜色和窑内正色两类。颜色釉在炉内烧成的称为低温色釉；在窑内烧成的谓高温色釉。有趣的是，乾隆时期仿雕漆既不能用高温度，也不能用低温，只能用中温（900℃-1200℃）烧成，所以采用什么温度烧造，所需颜色的呈色，更多的还是要取决于产品的设计要求。

281.景德镇炉钧釉包袱三管葫芦瓶
清嘉庆-道光（公元1796-1840年）
高：9厘米
口径：2厘米
足径：3.5厘米
购买时间：2005年8月22日
购买地点：瑞典哥德堡古玩店
成交价格：4300.00元（两只）

282.景德镇孔雀绿釉天球瓶
清嘉庆（公元1796-1820年）
高：29厘米
口径：6厘米
足径：11厘米
购买时间：2005年2月11日
购买地点：英国伦敦古玩店
成交价格：7000.00元

283.景德镇珊瑚红地青花梅纹盖罐
清乾隆（公元1736-1795年）
高：14厘米
口径：4.5厘米
足径：5厘米
购买时间：2005年10月2日
购买地点：瑞典斯德哥尔摩古玩店
成交价格：3600.00元

实样览要

·绿釉的不同呈色
绿釉是颜色釉品种之一，有高温、中温、低温绿釉，包括铅绿釉和青瓷。

20.汉代低温铅绿釉

52.五代高温绿釉

282.嘉庆孔雀绿釉

540.晚清瓜皮绿釉

284.堆贴回纹出戟长颈瓶
清乾隆（公元1736-1795年）
高：42厘米
口径：9.5厘米
足径：11厘米
购买时间：2012年3月4日
购买地点：上海藏宝楼商铺
成交价格：7000.00元

[陶瓷考辨] 德化白瓷的装饰

德化白瓷的装饰特点在于它是一种无彩装饰。所以它必须在胎体上采用刻画、印纹、堆塑等技法装饰；凸显优美的造型或追求白釉的呈色效果。无彩装饰从整个新石器时代素陶装饰开始，贯穿于整个陶瓷发展的过程，可以说德化白瓷是这类装饰技法的杰出代表，特别是到了明代达到了登峰造极的地步。明代以后德化窑逐步采用了色釉的彩绘工艺装饰，其器皿的观赏性增加了，但其塑刻艺术方面已无创新或成就可言，这适合了市场的需求，但在艺术上是一种倒退。

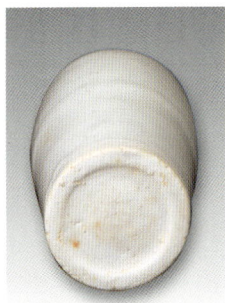

285.撇口筒瓶
清乾隆（公元1736-1795年）
高: 12.5厘米
口径: 3.5厘米
足径: 4厘米
购买时间: 1999年8月26日
购买地点: 上海福佑路古玩地摊
成交价格: 120.00元

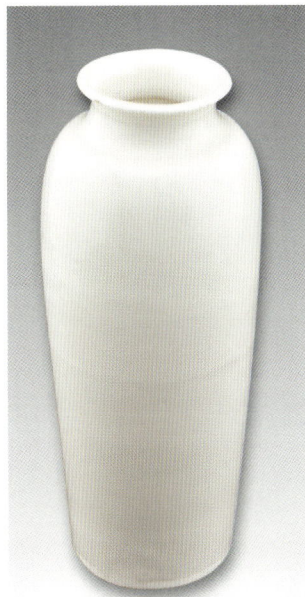

286.撇口筒瓶
清乾隆（公元1736-1795年）
高: 24.5厘米
口径: 7.2厘米
足径: 8厘米
购买时间: 2012年10月1日
购买地点: 上海多宝楼商铺
成交价格: 5500.00元

附: 宋元明德化窑瓶式对照图

287.刻印网纹观音瓶
元（公元1271-1368年）
高: 10厘米
口径: 4.5厘米
足径: 4.2厘米
购买时间: 2012年4月14日
购买地点: 上海藏宝楼地摊
成交价格: 600.00元

288.刻印剑叶纹葫芦瓶
南宋（公元1127-1279年）
高: 8.1厘米
口径: 1厘米
足径: 5.2厘米
购买时间: 2005年7月2日
购买地点: 海口市古玩地摊
成交价格: 1200.00元

289.长颈唇口瓶
明成化-嘉靖（公元1465-1566年）
高: 12厘米
口径: 3.9厘米
足径: 3.7厘米
购买时间: 2005年7月9日
购买地点: 上海藏宝楼地摊
成交价格: 2000.00元

实样览要

·乾隆器物华丽雕刻的装饰风格

瓷器的装饰技法也显示着特定时代装饰工艺的风格,乾隆朝的器表装饰工艺在技巧、品种创新、造型精美等方面,都达到了历史的顶峰。

284.出戟装饰

281.包袱装饰

280.雕漆夔纹

378.塑刻山水

290.撇口瓶
清早期（公元1644-1796年）
高：39厘米
口径：13.5厘米
足径：13.5厘米
购买时间：2003年7月23日
购买地点：太原古玩商铺
成交价格：7000.00元

[陶瓷考辨] "色差"是鉴定的非语言符号

同类陶瓷器之间，颜色会有差异。这种颜色之间的"色差"，是一种很重要的信息。我们知道任何瓷器都有颜色，同时期或不同时期的同类产品颜色都会呈现出不同的色差，这种色差述说的就是自己身份的信息。不同时期的，或同一时期不同窑场的瓷器呈现不同的颜色是必然的，因为颜色来源于胎土的化学成分，釉料的化学成分以及烧制的温度，它们之间有差异，哪怕是细微的差异，烧造出来的颜色自然就会有差异。但是同种釉色也会因为化学成分与温度的差异产生色差，有的很难用语言符号来表述，认识它们之间的差异需要经验的积累，所以非语言符号的色差，是鉴定必须去理解和掌握的内容。

292.青花折枝蝴蝶纹撇口瓶
明万历（公元1573-1620年）
高: 25.5厘米
口径: 10厘米
足径: 9厘米
购买时间: 2006年10月21日
购买地点: 西安八仙奄古玩商铺
成交价格: 3200.00元

293.青花折枝蝴蝶纹撇口瓶
明万历（公元1573-1620年）
高: 27.5厘米
口径: 10厘米
足径: 10厘米
购买时间: 2008年6月21日
购买地点: 上海云洲古玩城商铺
成交价格: 1.8万元（两只）

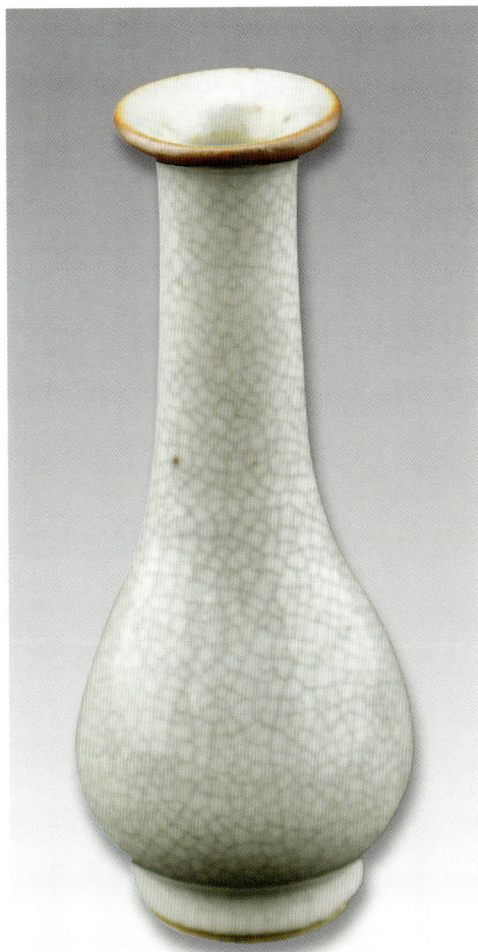

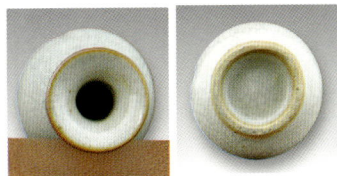

291.酱口长颈瓶
清顺治（公元1644-1661年）
高: 12.2厘米
口径: 3.2厘米
足径: 3.3厘米
购买时间: 2009年12月20日
购买地点: 上海藏宝楼地摊
成交价格: 800.00元

实样览要

·明清吉州窑与景德镇窑开片纹路的色差

吉州窑胎土偏黄，烧结程度也不高，故历史上的吉州窑较注重器表的带彩装饰，明清仿哥釉的开片纹路色淡并呈粉红色。吉州窑瓷的烧结度比同时期景德镇窑要差，指叩发声沙哑。

200.明吉州窑

198.明景德镇窑

290.清吉州窑

279.清景德镇窑

294.莲花纹钵式炉
清顺治（公元1644-1661年）
高：9厘米
口径：17厘米
足径：20厘米
购买时间：2001年
购买地点：北京亮马河古玩商铺
成交价格：2200.00元

[淘瓷考辨] 造型与图案是有机的统一

当我们在欣赏纹饰图案的时候，千万不要忽视瓷器本身的造型。一件完美的瓷器应该包括三个部分，形态即造型；肌理即材质；色彩即纹饰。所以在选择一件瓷器是否能够作为收藏品，这三个部分要作为一个整体来观察和判断。比如，有几只同类型的不同纹饰的瓶子放在一起，你一定会比较出其中的一只你更满意，为什么，是因为这只瓶子造型与器表装饰符合你想象中的要求。清三代香炉上的青花纹饰较多的都是吉祥图案，这类纹饰符合香炉使用功能和环境要求。嘉庆以后香炉的图案，其绘图的精美程度，要比清三代差了许多。

295.云龙纹圈足炉
清康熙（公元1662-1722年）
高：13厘米
口径：21.5厘米
足径：13.5厘米
购买时间：2004年4月27日
购买地点：北京潘家园商铺
成交价格：4200.00元

296."福寿"纹圈足炉
清康熙（公元1662-1722年）
高：6.5厘米
口径：11.5厘米
足径：7.5厘米
购买时间：2006年4月23日
购买地点：苏州文庙古玩地摊
成交价格：800.00元

297."福禄寿"纹三足炉
清康熙（公元1662-1722年）
高：12厘米
口径：22厘米
足径：10厘米
购买时间：2000年
购买地点：北京潘家园商铺
成交价格：2000.00元

实样览要

·明清青花书写装饰

明代以后通过汉字的书写艺术进行器表装饰的工艺逐渐增多，通过书法文字的艺术欣赏和颂扬文字直接表述的颂赞与吉祥的寓意。

230.明弘治至正德福字

224.明崇祯善字

388.清康熙寿字

297.清康熙禄字

298.八仙过海圈足炉
清乾隆（公元1736-1795年）
高：15厘米
口径：25厘米
足径：13厘米
购买时间：2008年7月14日
购买地点：北京古玩城商铺
成交价格：3200.00元

299.夔龙纹圈足炉
清乾隆（公元1736-1795年）
高：13厘米
口径：23厘米
足径：13厘米
购买时间：2005年5月23日
购买地点：太原古玩城商铺
成交价格：3200.00元

[淘瓷考辨] 惩恶扬善的"八神仙"

在明清瓷饰中，八仙纹是传统的表现题材。明清德化白瓷的器表装饰，可常见有八仙图案的堆贴纹，清代至民国青花彩绘、瓷塑用八仙题材的更多。民间流传的八位神仙，较多的是惩恶扬善、济世扶贫的故事。明朝中期吴元泰的《东游记》把八仙确定为：铁拐李、汉钟离、蓝采和、张果老、何仙姑、吕洞宾、韩湘子和曹国舅。八宝，暗八仙，八仙庆寿也是乾隆时期青花瓷常见图案纹饰，大多是颂扬社会伦理和长寿的寓意。

300.缠枝莲纹三足炉
清乾隆（公元1736-1795年）
高：8厘米
口径：10厘米
足径：6厘米
购买时间：2011年9月21日
购买地点：上海多宝楼商铺
成交价格：700.00元

301.吉祥纹圈足炉
清乾隆（公元1736-1795年）
高：6.5厘米
口径：11厘米
足径：7厘米
购买时间：2006年3月12日
购买地点：天津沈阳道古玩商铺
成交价格：550.00元

302.和合二仙纹筒式炉
清嘉庆（公元1796-1820年）
高：9厘米
口径：10.5厘米
购买时间：2002年5月22日
购买地点：金华古玩商铺
成交价格：480.00元

303.山水纹狮首圈足炉
清嘉庆（公元1796-1820年）
高：7厘米
口径：11.7厘米
足径：8厘米
购买时间：2005年12月10日
购买地点：芜湖古玩商铺
成交价格：200.00元

实样览要

·主体图案的缠枝纹

缠枝是瓷器缠绕装饰纹样之一，兴起于宋代。有缠枝花果、莲、菊、牡丹、石榴、灵芝、宝相花等花卉图案。缠枝的全称应为蔓草缠枝。"蔓"和"万"谐音，"蔓"即"带"，"带"和"代"谐音，故缠枝有"万代"之意。

89.北宋缠枝菊　　162.元缠枝菊　　226.明缠枝牡丹　　300.清缠枝莲

304.桥耳炉
清乾隆（公元1736-1795年）
高: 7厘米
口径: 9厘米
购买时间: 2000年1月17日
购买地点: 上海藏宝楼地摊
成交价格: 460.00元

305.牺耳簋式炉
清乾隆（公元1736-1795年）
高: 11厘米
口径: 12.5厘米
足径: 9厘米
购买时间: 1999年4月11日
购买地点: 上海青海路古玩地摊
成交价格: 2700.00元

[淘瓷考辨] 家庭的"佛前供器"香炉

印度佛教为什么能植根于中国大地？原因有两点。一是其教义，这就是佛教是为劳苦大众讲话的。1955年3月8日毛泽东同达赖喇嘛谈话时说："我们要将中国都搞好，再把眼光放大，要把全世界都搞好。佛教教义也有这个思想。佛教的创始人释迦牟尼是代表当时在印度受压迫的人讲话的。他主张普度众生为了免除众生的痛苦，他不当王子，出家创立佛教。因此，你们信佛教的人和我们共产党人合作，在为众生（即人民群众）解除压迫的痛苦这一点上是有共同之处的。"二是其形式，这就是佛教简易的修行方式是受劳苦大众欢迎的。这应该归功唐代慧能的改革与创新，使繁琐的佛教简化，普通民众在家中堂前就可敬香拜佛，使人们不拘形式，便于修行。

307.圈足炉
清乾隆（公元1736-1795年）
高: 8.2厘米
口径: 15.6厘米
足径: 11.6厘米
购买时间: 2012年3月24日
购买地点: 上海藏宝楼地摊
成交价格: 7500.00元

306.牺耳簋式炉
清乾隆（公元1736-1795年）
高: 7厘米
口径: 12厘米
底径: 8厘米
购买时间: 2001年5月22日
购买地点: 西安八仙奄古玩商铺
成交价格: 780.00元

308.牺耳簋式炉
清乾隆（公元1736-1795年）
高: 6.6厘米
口径: 11.5厘米
足径: 8.2厘米
购买时间: 2011年11月5日
购买地点: 上海藏宝楼地摊
成交价格: 300.00元

309.簋式炉
清乾隆（公元1736-1795年）
高: 6.3厘米
口径: 11.9厘米
足径: 7.7厘米
购买时间: 2005年4月2日
购买地点: 上海藏宝楼地摊
成交价格: 650.00元

实样览要

·乾隆铁锈花釉釉面结晶色泽

铁锈花釉是雍正、乾隆时期生产的一种结晶釉。《饮流斋说瓷》说："紫黑之釉满现呈点，其光荧亮如铁者，谓之铁锈花。"乾隆铁锈花釉瓷器的烧结度高，指叩发声脆亮。

307.乾隆

308.乾隆

305.乾隆

304.乾隆

310.炉
清乾隆（公元1736－1795年）
高: 7.5厘米
口径: 9厘米
足径: 6.5厘米
购买时间: 2004年7月9日
购买地点: 苏州文庙古玩商铺
成交价格: 600.00元

[陶瓷考辨] 红釉的兴盛

2008年11月9日星期天，我们几个朋友去了扬州花岛市场古玩地摊，同去的叶福芳先生慧眼识货，找到了一只元代影青瓷釉里红撇口杯的残件，釉里红的发色很鲜红，是一块不可多得的元代釉里红的标本。红釉是使用铜红料着彩，在高温还原气氛中产生红色。元代的红釉产品，是工匠们对原料成分掌握后，已经能充分按照主观要求制作的成熟产品，这也是以后历代红釉发展的基础。红釉发展应分为四个阶段：1.唐宋至元代中期，当时的长沙窑、钧窑已烧红釉制品；2.元末明初是红釉瓷的成熟期；3.明代早中期，从明永乐开始，特别是宣德时期，烧制大量纯红釉的产品，是红釉瓷的长足发展期；4.清康熙到清末民初，这是红釉产品的兴盛时期。

311.炉
清乾隆-嘉庆（公元1736-1820年）
高：5厘米
口径：8厘米
足径：5厘米
购买时间：2008年9月29日
购买地点：上海天山茶城古玩商铺
成交价格：800.00元

312.炉
清乾隆（公元1736-1795年）
高：12厘米
口径：19厘米
足径：15厘米
购买时间：2010年4月22日
购买地点：北京天雅古玩城商铺
成交价格：8000.00元

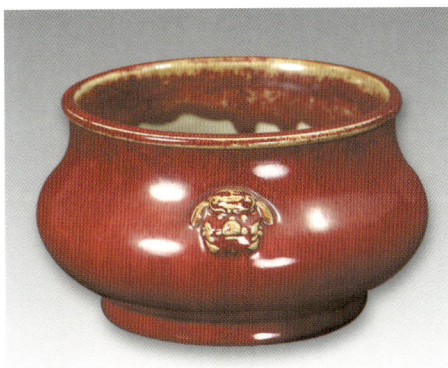

313.炉
清乾隆-嘉庆（公元1736-1820年）
高：10.5厘米
口径：18厘米
足径：10厘米
购买时间：2010年4月22日
购买地点：北京天雅古玩城商铺
成交价格：6000.00元

实样览要

· 附贴狮首装饰不仅仅是为了美观

在中国人的观念里，狮子是驱邪避祟之物。故多用在瓶（谐音"平安"之意）、炉等器物上做附贴装饰，塑其像既有器表的美观需要，但还应该有镇宅驱邪避祟之意。

173.明德化瓶　　321.乾隆红釉炉　　313.乾嘉红釉炉　　303.嘉庆青花炉

314.天蓝仿钧釉镗锣洗
清雍正（公元1723-1735年）
高: 5.5厘米
口径: 20厘米
足径: 16.5厘米
购买时间: 2006年4月29日
购买地点: 芬兰赫尔辛基古玩店
成交价格: 650.00元

315.窑变釉折沿三足洗
清雍正（公元1723-1735年）
高: 3.5厘米
口径: 12.5厘米
足径: 10厘米
购买时间: 1998年5月16日
购买地点: 杭州二百古玩地摊
成交价格: 260.00元

[淘瓷考辨] 为何传世的香炉数量多

现在单位里组织参观、旅游，职工们到寺庙里烧香、拜佛的多了，实际上他们中的很多人并不信教，而是去许个愿望什么的，而这个愿望对他或他的家人都很重要，去"烧炷香""拜拜佛"以获得心理慰藉，这一文化习俗在我们生活中已成为很多人的方式。这也源于植根于广大民众的佛教是中国的传统宗教，在中国传统文化中占有很重要的地位。正是由于此，唐代至今，更多的家庭烧香拜佛之事不一定去庙宇，在家里就可进行。所以民间家庭使用香炉的人多，传世的数量也多，这就是市场上香炉流转数量多的原因。

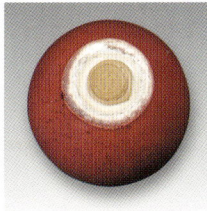

316.窑变釉水丞
清乾隆（公元1736－1795年）
高：5.5厘米
口径：6厘米
底径：4厘米
购买时间：2006年4月2日
购买地点：上海友谊商店
成交价格：2800.00元

317.炉钧釉水丞
清嘉庆（公元1796－1820年）
高：3厘米
口径：2.5厘米
足径：5厘米
购买时间：2005年11月7日
购买地点：北京潘家园商铺
成交价格：850.00元

318.仿钧釉牺耳三足炉
清雍正（公元1723－1735年）
高：6.5厘米
口径：9厘米
购买时间：2008年6月18日
购买地点：南通文庙古玩商铺
成交价格：500.00元

319.窑变釉松鼠葡萄堆塑纹笔筒、水丞
清嘉庆－道光（公元1796－1840年）

笔筒高：12厘米　　　　水丞高：3.8厘米
口径：9.8厘米　　　　　口径：8厘米
足径：9.2厘米　　　　　足径：7厘米
购买时间：1995年6月8日　购买时间：2002年6月23日
购买地点：合肥城隍庙地摊　购买地点：上海藏宝楼地摊
成交价格：180.00元　　　成交价格：210.00元

实样览要

·窑变从偶然现象到人为创作，发展成为门类丰富的品种

窑变釉的釉色变化任其自然，以其绚丽多变相间辉映的视觉效果，达到取悦于人的装饰效果。

44.花釉

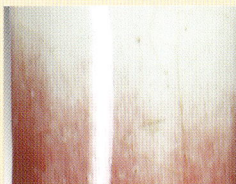

261.窑变红釉

314.仿钧釉

281.炉钧釉

320.郎窑绿钵式三足炉
清康熙（公元1662-1722年）
高: 6.5厘米
口径: 10.5厘米
足距: 7厘米
购买时间: 2006年10月21日
购买地点: 上海藏宝楼地摊
成交价格: 800.00元

[陶瓷考辨] 喜欢专题收藏香炉的原因

陶瓷香炉是佛前的陈设供器，由于它在民间普遍使用，传世的数量很多，是当前瓷器收藏的大类品种。为什么瓷器收藏爱好者比较多的喜欢收藏香炉呢？原因有三：一是香炉造型丰富，有双兽耳炉、牺耳炉、三足筒炉、乳足炉、圈足炉等等。纹饰多为吉祥图案，有一定的欣赏价值；二是香炉作为佛前供器，放在家中有"香火永传"的含义，收藏爱好者通过对香炉的收藏，也是去寻找一种心灵慰藉和心理暗示；三是香炉是供器，所以使用的人会倍加珍惜，故传世香炉器型完整，数量也多，在古玩市场上经常可见，这给收藏爱好者提供了去收藏的可能性。

321.仿哥釉狮首圈足炉
清雍正（公元1723-1735年）
高：10.2厘米
口径：15.1厘米
足径：7.7厘米
购买时间：2003年4月7日
购买地点：上海藏宝楼商铺
成交价格：200.00元

323.仿哥釉牺耳圈足炉
清雍正（公元1723-1735年）
高：8厘米
口径：9厘米
足径：6厘米
购买时间：2007年9月22日
购买地点：苏州文庙古玩商铺
成交价格：600.00元

322.仿哥釉三足筒炉
清雍正（公元1723-1735年）
高：7.5厘米
口径：9.5厘米
购买时间：2009年10月2日
购买地点：上海藏宝楼地摊
成交价格：800.00元

实样览要

·康熙-雍正时期创烧的高温色釉

清代康、雍、乾三朝是瓷器生产历史的高峰，在色釉、彩釉方面创新了很丰富的品种。新材料的使用也是一种很重要的识别符号，器表装饰的釉材是什么时期才开始有的？通过对釉材使用时间的识别，也可帮助进行断代。

320.郎绿釉

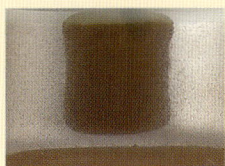

257.紫金釉

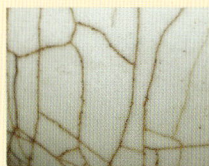

354.仿官釉

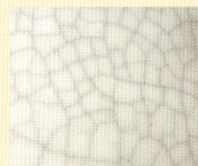

323.仿哥釉

324.牺耳兽足炉
清康熙（公元1662-1722年）
高: 6.5厘米
口径: 5.5厘米
底径: 5厘米
购买时间: 2011年10月
购买地点: 上海多宝楼商铺
成交价格: 6800.00元

[淘瓷考辨] 难的是"识色"，不重视的也是"识色"

我们为什么会喜欢收藏，这在于藏品有文化和艺术的内涵，目的在于欣赏，其之所以能够激发起我们内心的感动，也就在于对艺术的欣赏。而这种感受不可能凭空而起，而是在理解艺术和热爱文化的基础上油然而生并令人神往。颜色釉瓷器由于其天然韵致的特征，古代的工匠追求的就是其釉色纯净典雅，这种对釉色纯净的追求，并不是我们现在在水彩画中抹上一色那么简单，它凝聚古代工匠们对颜色的理解并赋予其艺术的含义。觅瓷最难的是"识色"，最不重视的也是"识色"。原因在于: 一是重"彩"轻"色"。相比彩瓷的纹饰，更多的人在瓷器收藏中更喜欢的是彩瓷纹饰的热烈，而不太重视颜色釉的清纯和宁静；二是在鉴定技术的掌握上，往往不太重视对颜色釉瓷器的把握；三是在市场价格方面，颜色釉瓷器的价格总体上要低于青花和彩瓷的价格，而恰恰以前的颜色釉在社会上流转，所占比例要比青花和彩瓷少。所以一般而言，色釉瓷应在瓷器收藏中更显珍贵和收藏价值。

325.钵式炉
清乾隆（公元1736-1795年）
高：5.5厘米
口径：9厘米
底径：5厘米
购买时间：2001年4月8日
购买地点：苏州文庙古玩地摊
成交价格：900.00元

326.三足扁炉
清乾隆-嘉庆（公元1736-1820年）
高：8厘米
口径：17厘米
足径：14厘米
购买时间：2009年11月23日
购买地点：上海藏宝楼商铺
成交价格：1200.00元

327.桥耳炉
清乾隆（公元1736-1795年）
高：8.5厘米
口径：10厘米
底径：11厘米
购买时间：2003年2月26日
购买地点：苏州文庙古玩商铺
成交价格：400.00元

328.桥耳炉
清乾隆（公元1736-1795年）
高：7厘米
口径：9厘米
底径：10厘米
购买时间：2006年4月7日
购买地点：西安朱雀门古玩地摊
成交价格：1200.00元

实样览要

·俯视明清德化三足香炉器型
俯视明代德化三足香炉器型，态势上比清代更为有气势和神韵。

206.明三足筒炉　　205.明三足筒炉　　209.明三足扁炉　　326.清三足扁炉

329.堆贴寿字纹笔洗
清乾隆（公元1736–1795年）
高：7.4厘米
口径：12.8厘米
足径：11.4厘米
购买时间：2006年7月22日
购买地点：上海藏宝楼地摊
成交价格：1800.00元

[淘瓷考辨] 了解清楚才会有满意的结果

在我们的在生活中有一个有趣的现象：如果我们去购买食品，哪怕是廉价食品，也会把它的质量搞得很清楚。但是有时候买瓷器，几千上万元买的究竟是什么，没有完全搞清楚就买下来了，这种情况我们应该绝对避免。所以，我们历来主张大众收藏瓷器应该选择有较高艺术价值的细瓷。那么，什么是我们习惯上认识的"细瓷"？细瓷应该是指：不同时期各具胎质细腻、成型制作工艺精湛、纹饰精美的瓷器。如果我们把不同时期的"细瓷"作为收藏对象，目前就具有入市的可操作性，而且其藏品欣赏性强，价值空间也很大。问题是，我们应该怎么去学会判断和选择市场中的细瓷。

330.狮首圈足炉
清乾隆（公元1736-1795年）
高：6.1厘米　高：7厘米
口径：9.4厘米　口径：13.8厘米
足径：6.9厘米　足径：9.7厘米
购买时间：2007年1月6日
购买地点：上海藏宝楼地摊
成交价格：1200.00元（两只）

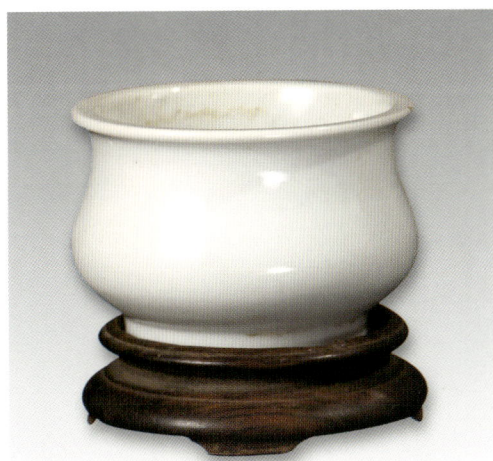

331.钵式炉
清康熙（公元1662-1722年）
高：8.5厘米
口径：8厘米
底径：6.5厘米
购买时间：2000年4月2日
购买地点：北京亮马河古玩商铺
成交价格：600.00元

332.狮首圈足炉
清乾隆（公元1736-1795年）
高：7厘米
口径：11厘米
足径：10厘米
购买时间：2009年6月22日
购买地点：北京古玩城商铺
成交价格：4800.00元

实样览要

·俯视明清德化圈足香炉器型

俯视清代德化圈足香炉的器型，外观视觉要比明代造型规整。

208.明簋式炉

210.明狮首炉

332.清狮首炉

331.清钵式炉

333.牺耳三足炉
清乾隆-嘉庆（公元1736-1820年）
高: 7.2厘米
口径: 9.2厘米
购买时间: 2001年10月14日
购买地点: 苏州文庙古玩地摊
成交价格: 220.00元

[陶瓷考辨] 颜色釉的丰富种类

颜色釉也有人简称为"单色釉"，它是指利用釉中掺入的不同金属氧化物为着色剂，在一定的烧成温度和火焰气氛中呈现不同色泽的釉。简称的"单色釉"仅是指颜色釉中的纯一色的釉，按釉的色彩和肌理还包括花釉、结晶釉和纹片釉等品种。元代以后至清代早期与彩绘瓷比较，颜色釉瓷在瓷器中地位更显特殊，这是因为颜色釉瓷烧制工艺要求高，造价更贵，并深受上层社会的厚爱，一些颜色甚至作为皇家的专用色而被垄断。

334.旋纹三足炉
清乾隆（公元1736-1795年）
高：5.3厘米
口径：8.3厘米
足径：7.6厘米
购买时间：2011年1月22日
购买地点：上海藏宝楼地摊
成交价格：450.00元

335.狮首圈足炉
清乾隆-嘉庆（公元1736-1820年）
高：8.5厘米
口径：11厘米
足径：6.8厘米
购买时间：2013年6月15日
购买地点：上海藏宝楼商铺
成交价格：700.00元

336.开片釉镗锣洗
清顺治（公元1644-1661年）
高：3厘米
口径：15.2厘米
足径：11厘米
购买时间：2004年10月10日
购买地点：上海藏宝楼地摊
成交价格：900.00元

实样览要

·贴塑牺耳的丰富造型

"牺"是古代供宗庙祭祀用的毛色纯一的牲畜，牺耳仿造"牺"的形状，在瓶的颈部和炉身置对装饰。

324.康熙德化

333.清漳州

318.清雍正

264.清乾隆

337.山水纹笔筒
清康熙（公元1662-1722年）
高：15.2厘米
口径：17.4厘米
底径：18厘米
购买时间：2009年5月2日
购买地点：上海藏宝楼地摊
成交价格：2.8万元

338.仿哥釉洞石花鸟纹笔筒
清嘉庆（公元1796-1820年）
高：14.2厘米
口径：12.5厘米
足径：11.8厘米
购买时间：2000年1月15日
购买地点：温州文化市场商铺
成交价格：200.00元

[淘瓷考辨] 善于咨询，减少麻烦

数字通讯技术的发展，便捷了咨询的渠道。朋友要买一只康熙笔筒，器表纹饰是书写唐王勃作的《秋日登洪府滕王阁饯别序》。他拍了一张照，发了一个微信让给鉴定一下，因为是现代的硬笔书法写的，我们告诉他这类后仿的笔筒很多，要他谨慎。真的不要小看数字技术的发展，过去我们买了东西，真的假的搞不懂，只能买了以后找老师请教，就是鉴定下来是假的，也只能当花钱买一个教训。现在不一样了，无论在天涯海角，只要有无线网络覆盖并有通讯链接，现场就可以获得咨询。通讯技术的发展，可以帮助我们及时咨询解惑并排除拿不准价格的麻烦。

339.博古纹笔筒
清雍正（公元1723-1735年）
高：12厘米
口径：9厘米
底径：9厘米
购买时间：2006年8月12日
购买地点：北京潘家园商铺
成交价格：260.00元

340.山水人物纹笔筒
清嘉庆（公元1796-1820年）
高：11厘米
口径：7.2厘米
底径：7.3厘米
购买时间：2005年6月8日
购买地点：福州文物商店
成交价格：280.00元

341.人物纹笔筒
清雍正（公元1723-1735年）
高：9.7厘米
口径：6.9厘米
底径：6.5厘米
购买时间：2002年5月4日
购买地点：北京潘家园地摊
成交价格：450.00元

342.风景纹笔筒
清乾隆（公元1736-1795年）
高：9.9厘米
口径：6.3厘米
足径：6.4厘米
购买时间：2002年7月20日
购买地点：上海藏宝楼地摊
成交价格：180.00元

实样览要

·使用不同青花料的图案呈色对比

使用不同的青花料呈现出的是不同的色调，但同一时期使用同一种料也会因为配比成分不同而产生不同的色泽，但它们之间是有规律可循的。

184.明景泰
"苏尼勃青"料
色明浓艳清新

191.明弘治
"平等青"料
发色浅淡，蓝中泛灰青

229.明万历
"回青"料
呈色蓝中泛紫，纯正稳定

337.清康熙
"浙料""珠明料"
青翠明快，层次分明

343.回纹方型水丞
清乾隆－嘉庆（公元1736–1820年）
高：2.5厘米
口径：2.5×2.5厘米
足径：3.1×3.1厘米
购买时间：2002年4月7日
购买地点：上海藏宝楼地摊
成交价格：350.00元

[陶瓷考辨] 传统的地摊交易

传统交易方式是不容易改变的。我们所熟悉的地摊市场上的"摊主"和地摊周围一些小商铺的"店主"，有的一二十年一直在用这种传统方式做生意。他们长期以来养成了这样的交易方式和交易习惯，小本钱的买卖，追求的是来得快去得快的周转方式。通过快捷的周转，产生收益并积累财富。他们也会参与一些网上交易甚至拍卖交易的新型方式，但是他们更加认可的是自己已经习惯的在地摊上做生意。

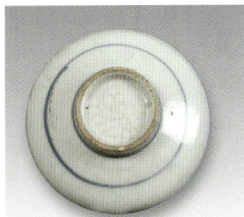

344.菊花纹水丞
清乾隆（公元1736-1795年）
高: 4.5厘米
口径: 4.5厘米
足径: 3厘米
购买时间: 1999年8月13日
购买地点: 北京潘家园商铺
成交价格: 680.00元

345.菊花纹水丞
清乾隆（公元1736-1795年）
高: 5厘米
口径: 4.5厘米
足径: 2.5厘米
购买时间: 1998年12月17日
购买地点: 北京亮马河古玩商铺
成交价格: 380.00元

346.寿字纹方型笔驻
清嘉庆-道光（公元1796-1840年）
高: 4厘米
长×宽: 5.5×5.5厘米
购买时间: 2000年4月17日
购买地点: 北京亮马河古玩商铺
成交价格: 380.00元

347.云凤纹水丞
清康熙（公元1662-1722年）
高: 6厘米
口径: 5厘米
足径: 5厘米
购买时间: 1998年2月22日
购买地点: 北京劲松古玩城商铺
成交价格: 800.00元

实样览要

·辅纹中的青花回纹图案

器表装饰中的辅助纹饰是指瓷器次要部位，如口沿、颈、肩、足等部位描绘的陪衬主图纹饰。辅纹的题材和绘图技法各时期也都各有变化。

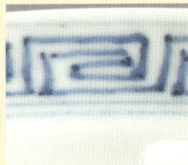

221.明正德

226.明嘉靖

401.清乾隆

343.清乾嘉

348.缠枝莲纹折沿洗
清乾隆（公元1736－1795年）
高：18厘米
口径：48厘米
足径：35厘米
购买时间：2008年5月22日
购买地点：丹麦哥本哈根古玩店
成交价格：1.5万元

349.折枝纹调色缸
清嘉庆－道光（公元1796－1840年）
高：9厘米
长×宽：14×17厘米
购买时间：2006年4月27日
购买地点：上海多宝楼商铺
成交价格：2000.00元

[淘瓷考辨] 售假针对顾客的心理"诡诈"

讲一段十几年前经历的故事。南宋官仿龙泉釉现在公认为是南宋官窑，那时经朋友的介绍，去见一位商人，寒暄后，该商人从包袱里拿了一只香炉，语言不多，做了三点介绍。介绍一：他说，这是一只南宋龙泉窑的香炉。当时我们看着不像是龙泉，是比龙泉高档得多的南宋郊坛下官窑的完整器（郊坛下官窑很难见到真品，传世的完整器很少）。商人这一故作误判的介绍，迎合了爱好者的捡漏心理；介绍二：在闲聊的气氛中，不经意地说，这是我经手上千只出土的陶瓷器中最完整的一件，很难看到。真是言者无意，听者喜出望外。传递的信息是出土的，符合传世的完整器极少的书本的知识介绍；介绍三：你看，釉面像玉一样，应该算龙泉官窑。关键的词是"算"而不是说的"是"，说的口气给人感觉很犹豫，但用词很到位。釉面玉质化又进一步说出了郊坛下官窑器皿的特征。这为出价设了一个套，他出价不高，5.8万元，大大低于当时南宋龙泉官窑精品香炉的市场价位。关键是：含糊的介绍中能引发你想象；用犹豫的口吻，告诉你的是错误的结论，来调动你对这方面的一知半解，引发你有可能捡漏的窃喜。所以贩假商人，都真可称得上是一流的顾客心理学专家。

350.缠枝纹调色缸
清嘉庆（公元1796-1820年）
高: 2厘米
口径: 14.5厘米
足径: 10.5厘米
购买时间: 2005年8月22日
购买地点: 瑞典哥德堡古玩店
成交价格: 1200.00元

351.缠枝梅花纹瓜楞水丞
清乾隆（公元1736-1795年）
高: 4厘米
口径: 5厘米
足径: 9.5厘米
购买时间: 2006年5月22日
购买地点: 香港活里荷道古玩店
成交价格: 2200.00元

353.缠枝纹笔驻
清嘉庆-道光（公元1796-1840年）
高: 3.1厘米; 3厘米; 3.6厘米; 3.6厘米
底径: 4.6×4.6厘米; 8×3.4厘米; 8.8×3.8厘米; 7×4厘米
购买时间: 2000年3月25日
购买地点: 上海藏宝楼地摊
成交价格: 60.00元（四只）

352.缠枝回纹长方型印盒
清乾隆（公元1736-1795年）
高: 4.6厘米   4厘米
足径: 10.5×7.7厘米   9×6.5厘米
购买时间: 2004年4月4日
购买地点: 蚌埠古玩城商铺
成交价格: 400.00元（两只）

实样览要

·青花辅纹图案

辅纹较多的是以植物、浪涛、回纹、如意用来衬托主纹饰的图案。

253.康熙折枝蝶

255.康熙如意

267.乾隆如意

348.乾隆缠枝

354.熊窑仿官釉水丞
清雍正（公元1723-1735年）
高: 12厘米
口径: 11.5厘米
足径: 8厘米
购买时间: 2004年7月24日
购买地点: 西安小东门古玩商铺
成交价格: 4600.00元

[淘瓷考辨] "贼光"与"包浆"

色泽涉及鉴定的两个术语: 一个是"贼光"，一个是"包浆"。"贼光"指的是新东西的反射光；"包浆"指的是老东西
的反射光。贼光是由于没有使用过，物体是新的，光照折射是在一个平面上的反射，给人的感觉是"色单亮丽"。包浆产
生的反射光主要是软道所致，软道的丰富的细纹产生无数的折面，光的反射给人的视觉效果是"色暗则泽丰"的感觉。

355.仿哥釉青花莲花纹笔掭
清雍正（公元1723-1735年）
高: 1.5厘米
口径: 10厘米
足径: 4.5厘米
购买时间: 2002年7月23日
购买地点: 蚌埠古玩地摊
成交价格: 680.00元

356.仿哥釉笔掭
清雍正（公元1723-1735年）
高: 1.5厘米
口径: 11厘米
足径: 6厘米
购买时间: 2007年4月17日
购买地点: 深圳古玩商铺
成交价格: 680.00元

357.熊窑仿官釉笔掭
清雍正（公元1723-1735年）
高: 1.5厘米
口径: 11厘米
足径: 5.5厘米
购买时间: 2004年11月17日
购买地点: 天津古玩商铺
成交价格: 600.00元

实样览要

·变化的水丞造型和其光泽所蕴涵的叙述

器型的变化是追求时尚的结果，其中更多的是一种心领神会的内容。而我们讲的"包浆"并不仅是光泽，西周的水丞有什么光泽？但它"包浆"很厚，有限的光照反射，却蕴涵着历经沧桑的丰富内容。

9.西周

35.唐

65.宋

354.清雍正

358.圈足洗
清雍正（公元1723-1735年）
高：3.5厘米
口径：10厘米
足径：7.5厘米
购买时间：2008年4月30日
购买地点：上海藏宝楼商铺
成交价格：450.00元

359.水丞
清乾隆－嘉庆（公元1736-1820年）
高：8厘米
口径：6厘米
足径：5厘米
购买时间：1999年3月18日
购买地点：上海广东路文物商店
成交价格：500.00元

[陶瓷考辨] 色泽会告诉你的信息

生活知识有些是相通的，吃鱼时，有很多人喜欢吃"鱼头"，因为他们感觉"鱼头十八味"很鲜，为什么会给人感觉很鲜，原因就在于，鱼头是活动的，它形成的肌肉纹理不同，再加上鱼唇、鱼脑、鱼眼等等与鱼肉的疏密度、脂肪不同，在烹制时它们各自部位吸收佐料的成分不同，所以味道也不相同。软道形成的色泽也是相同的道理，由于它丰富的纵横交错的细微丝纹，在光照条件下产生了丰富的折射光，所以给人以柔和的，并且是多彩的视觉效果。

360.圈足洗
清雍正（公元1723-1735年）
高: 5.5厘米
口径: 12厘米
足径: 8厘米
购买时间: 1999年9月29日
购买地点: 北京古玩城商铺
成交价格: 800.00元

361.圈足洗
清乾隆（公元1736-1795年）
高: 5.5厘米
口径: 12厘米
足径: 8厘米
购买时间: 2008年7月22日
购买地点: 上海藏宝楼商铺
成交价格: 800.00元

362.笔山
清雍正（公元1723-1735年）
高: 2.5厘米
长×宽: 2×10厘米
购买时间: 1999年8月17日
购买地点: 上虞东关古玩商铺
成交价格: 70.00元

363.水丞
清嘉庆-道光（公元1796-1840年）
高: 5厘米
口径: 2厘米
足径: 3.2厘米
购买时间: 2003年4月6日
购买地点: 上海藏宝楼地摊
成交价格: 160.00元

364.笔山
清雍正（公元1723-1735年）
高: 2.6厘米
底径: 9.2×3厘米
购买时间: 2005年4月9日
购买地点: 太原南宫收藏品市场商铺
成交价格: 380.00元

实样览要

·油腻酥光的雍正仿哥釉

仿宋代哥釉是在明代永乐末期景德镇仿制成功，具有一定水平。到雍正时期仿哥釉的器型、釉色品种多，质量好，并带有宋代哥釉油腻酥光的皱纹和古气，这也是雍正仿哥釉的时代特征。

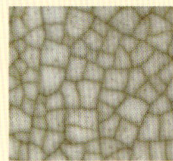

198.明万历　　　　355.清雍正　　　　362.清雍正　　　　338.清嘉庆

365.霁红釉印盒
清嘉庆（公元1796-1820年）
高：3.5厘米
口径：6.4厘米
足径：3.5厘米
购买时间：2012年3月3日
购买地点：上海藏宝楼地摊
成交价格：1500.00元

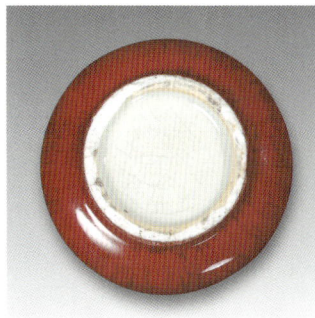

366.郎窑红牛毛纹水丞
清乾隆（公元1736-1795年）
高：3.5厘米
口径：3.5厘米
足径：6厘米
购买时间：2000年4月2日
购买地点：上海友谊商店
成交价格：1200.00元

[陶瓷考辨] 细瓷识别

瓷器收藏有"细路子"之说，细路子就是指做得比较精致的瓷器。识别方法：首先，细瓷的鉴定方法必须是做横向比较。是把同一历史时期相同窑口或不同窑口的产品做比较。例如：战国时期浙江德清窑原始瓷青釉产品，很难去与北宋影青釉的产品作精细方面的比较。而战国同时期德清窑的原始瓷青釉产品，有"粗"也有"细"；北宋景德镇窑影青釉的产品也有"粗"有"细"，这就是说"细"一定是横向比较的结果；其二，胎质细腻。用横向比较的方法，不论是哪个历史时期的产品，细瓷胎土一定是要在当时制作条件下，淘炼干净或少有杂质的优质材料；第三，成型制作工艺精湛。瓷器成型有不同的方法，如拉坯、模印、雕塑等等，有的是综合多种方法制成的。这就要求每一道工艺都应该是精湛的，例如有的胎质很好，但刻画、印纹粗糙，这也不能算得上是细瓷。第四，纹饰精美。饰纹不仅仅是图案纹饰也包括"釉"饰。每个时代都具有时代特征的纹饰和釉饰，然而它必须是当时采用优质材料、优秀工艺和技艺生产的产品。

367.郎窑红牛毛纹水丞
清乾隆（公元1736－1795年）
高：2.8厘米
口径：2.2厘米
足径：3.9厘米
购买时间：2004年3月6日
购买地点：南京朝天宫地摊
成交价格：450.00元

368.霁红釉水丞
清乾隆（公元1736－1795年）
高：4厘米
口径：4厘米
足径：7厘米
购买时间：2006年10月3日
购买地点：丹麦哥本哈根古玩店
成交价格：2000.00元

369.红釉钵式洗
清乾隆－嘉庆（公元1736－1820年）
高：9.5厘米
口径：25厘米
足径：11厘米
购买时间：2011年11月7日
购买地点：上海藏宝楼商铺
成交价格：6800.00元

370.红釉缸形洗
清乾隆－嘉庆（公元1736－1820年）
高：13.5厘米
口径：15.5厘米
足径：11厘米
购买时间：2010年1月15日
购买地点：丹麦哥本哈根古玩店
成交价格：5000.00元

实样览要

·善于识别，在于去做反复比较
器物的工艺精湛，再加之稀有性是凸显收藏价值主要特征之一。

28.隋白釉

45.唐青瓷

92.南宋溪口窑青瓷

366.清郎窑红牛毛纹

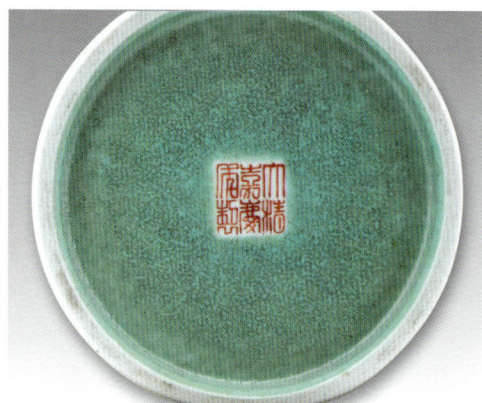

371.粉彩婴戏纹笔筒
清嘉庆（公元1796-1820年）
高: 14.3厘米
口径: 13.3厘米
足径: 13厘米
购买时间: 2001年11月17日
购买地点: 上海藏宝楼地摊
成交价格: 2000.00元

372.粉彩山水纹印盒
清乾隆-嘉庆（公元1736-1820年）
高: 4厘米
口径: 9厘米
足径: 5.5厘米
购买时间: 2007年3月27日
购买地点: 太原古玩城商铺
成交价格: 1200.00元

[陶瓷考辨] 色泽会告诉你真相

真实自然的色泽可以很明确地告诉你，它是谁。在色泽上作伪，也会留下作伪的信息，也同样可以明确地告诉你，它是赝品。瓷器在色泽上作伪主要是作旧，作旧能去掉"贼光"，降低其光泽度，但做不出所处自然环境形成的痕迹和它本身历经千百年所形成的自然"包浆"。信息虽然不能开口说话，但它是一个客观信息载体，如果是浸了化学药水而做了色泽处理的，就没有自然形成的色泽变化，如果了解了化学药水处理后的色泽状态，这类色泽给出的信息就是作旧，就是赝品。

373.白釉地开光五彩人物纹笔筒（适合纹样展示）
清嘉庆（公元1796－1820年）
高：11.5厘米
口径：6.2厘米
足径：6.3厘米
购买时间：2001年5月20日
购买地点：上海藏宝楼地摊
成交价格：200.00元

374.绿釉地开光三彩人物纹笔筒
清嘉庆（公元1796－1820年）
高：10.8厘米
口径：6.2厘米
足径：6厘米
购买时间：2004年5月23日
购买地点：宣城古玩地摊
成交价格：600.00元

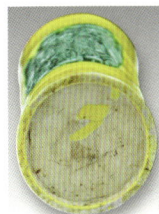

375.黄釉地绿釉塑刻人物纹开光笔筒
清嘉庆（公元1796－1820年）
高：10.8厘米
口径：6.2厘米
足径：6.2厘米
购买时间：2000年9月17日
购买地点：镇江花鸟市场地摊
成交价格：160.00元

三编

清代顺治至道光（1840）时期

实样览要

·釉上彩绘人物

釉上彩瓷采用的是低温颜色釉工艺。宋代红绿彩开创了多彩装饰的先声，特别是釉彩的原料不断创新，粉彩装饰使画面装饰华丽，人物表情丰富，衣纹褶皱精细可见。装饰性与绘画艺术交融在一起，将彩绘装饰推向了巅峰状态。

577.康熙五彩

413.雍正五彩

429.乾隆粉彩

371.嘉庆粉彩

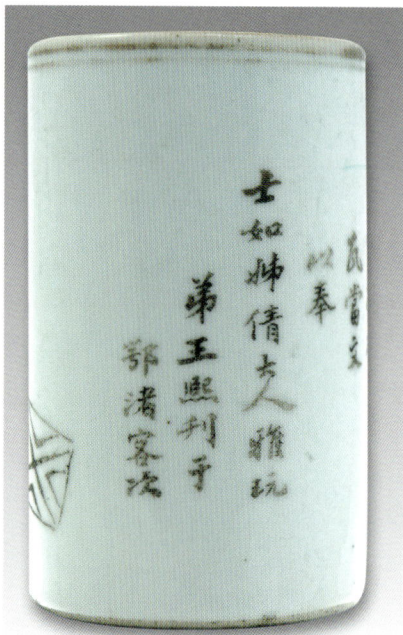

376.錾刻汉砖瓦当纹笔筒
清顺治（农历辛丑春·公元1661年）
高：12.1厘米
口径：7.6厘米
足径：7.6厘米
购买时间：2003年3月22日
购买地点：成都武侯祠古玩地摊
成交价格：1200.00元

377.茶叶末釉地堆贴龙纹笔筒
清嘉庆-道光（公元1796-1840年）
高：12.5厘米
口径：7.7厘米
足径：7.7厘米
购买时间：2004年3月27日
购买地点：上海藏宝楼地摊
成交价格：80.00元

[淘瓷考辨] "汉砖瓦当"纹饰

汉砖瓦当图案也是瓷饰的传统纹饰。此笔筒整个画意主题突出的是"大富贵亦寿考永宝用"。中国传统文化认为，富、贵、寿、考齐备，才可称福、富即有钱，所以旁边画了钱币，上书"泉币"，泉在古代就是有"钱"意。北宋钱币学家李孝美所撰钱谱就名为《泉谱》。体现"寿"的是一个瓦当，上书"延年益寿"四字。另一个瓦当，特意呈现多半个，我们只能看到一个"寿"和两个不完整的字，依稀是"无"和"极"，全文该为"无极天寿"。这样的设计，匠心独具，也给我们留下了一个谜，比全写无遗而有情趣。"永宝用"一词，自春秋青铜器铭文起常用，一般为"子子孙孙，永宝用享"。所以，旁边还有"子孙"二字，可以和中间的内容连续为，"大富贵亦寿考子孙永宝用"。

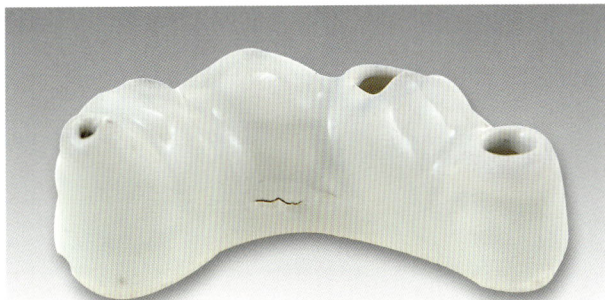

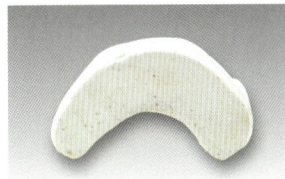

378.粉彩塑刻山水人物纹印盒
清乾隆（公元1736-1795年）
高：4.7厘米
口径：6.5厘米
足径：4.1厘米
购买时间：2005年4月23日
购买地点：上海七宝古玩商铺
成交价格：1800.00元

379.影青釉山形水注
清嘉庆-道光（公元1796-1840年）
高：4.6厘米
长×宽：9.2×2厘米
购买时间：1996年4月8日
购买地点：南京朝天宫地摊
成交价格：60.00元

380.浅黄釉、葵绿釉瓷塑刻山水纹山形笔架
清嘉庆-道光（公元1796-1840年）
高：4.9厘米
长×宽：8.5×1.8厘米
购买时间：2002年1月19日
购买地点：苏州文庙古玩地摊
成交价格：160.00元（两只）

381.黄釉地雕瓷山水人物纹水丞
清乾隆-嘉庆（公元1736-1820年）
高：5.2厘米
口径：3.4厘米
足径：5.4厘米
购买时间：2002年7月14日
购买地点：苏州文庙古玩商铺
成交价格：1500.00元

实样览要

·追求雕刻工艺"取悦于人"的彩塑表现手法

因彩瓷兴盛，清代的塑刻器表装饰，也努力追求彩绘的效果，更接近绘画的形式，削弱了雕塑本身独有的艺术特性。

464.康熙草莓

452.乾隆南瓜

378.乾隆山水

377.嘉道龙纹

382.婴戏图碗
清康熙（公元1662-1722年）
高：21厘米
口径：40厘米
足径：16.5厘米
购买时间：2006年10月4日
购买地点：芬兰赫尔辛基古玩店
成交价格：1.2万元

[淘瓷考辨] 狮腾的绘意

狮子是海外来的。文献记载，是西汉的张骞从西域带入国内的。现在看来，这不仅只是珍禽异兽的交流，也是外国狮子文化的使者。问题在于，洋文化的渗入，也要本土化，才会有生存的空间。在"降龙伏虎"的浓厚宗教思想的影响下，外来的狮子必然与中国原产的富于神灵的"龙"和威猛的"虎"一样，注定成为佛的俘获物，同时与龙和虎的命运一样，宗教也需借重狮子威猛来达到"护法"目的。所以，狮腾舞球艺术是典型的中西文化的融合。

383.缠枝纹茶帽碗
清康熙（公元1662-1722年）
高: 6.5厘米
口径: 15.5厘米
足径: 6.5厘米
购买时间: 2000年7月8日
购买地点: 北京古玩城商铺
成交价格: 1600.00元

384.葡萄纹碗
清康熙（公元1662-1722年）
高: 7.5厘米
口径: 14.5厘米
足径: 6厘米
购买时间: 2004年5月3日
购买地点: 瑞典斯德哥尔摩古玩店
成交价格: 600.00元

385.狮子戏球纹碗
清康熙（公元1662-1722年）
高: 6厘米
口径: 13厘米
足径: 4.5厘米
购买时间: 2008年4月7日
购买地点: 北京古玩城商铺
成交价格: 1200.00元

实样览要

·婴戏纹饰

婴戏纹饰绘以儿童嬉戏的画面，是瓷器的传统装饰纹样之一。该纹样早在唐代长沙窑的器物上就有，清代彩绘则多表现富贵子弟游戏的场面，与早年表现民间婴戏选题有很大不同。

72.北宋刻画

382.康熙青花

371.嘉庆粉彩

467.道光粉彩

386.云龙纹盘
清康熙（公元1662-1722年）
高: 3厘米
口径: 15.5厘米
足径: 9厘米
购买时间: 2006年11月13日
购买地点: 北京潘家园地摊
成交价格: 1200.00元

387.花鸟纹盘
清康熙（公元1662-1722年）
高: 6.2厘米
口径: 18.5厘米
足径: 9厘米
购买时间: 2005年10月15日
购买地点: 上海多宝楼商铺
成交价格: 2800.00元

[陶瓷考辨] 觅好瓷，谁说没市场？

现在的收藏爱好者对到市场觅瓷越来越缺乏信心，认为现在不太可能会买到好东西，一些老藏友相互见面时也说，现在市场上越来越看不见好东西了。但这是一种误解，因为有市场存在，就说明有支撑这个市场存在的健康成分，否则就不成为市场了。这是因为：首先市场的参与主体是多元的，交易物品的渠道是多元的。在主体方面，"货主"有的是专门从事贩假的，他们交易物品主要是从制假工场贩买来的，这部分毋庸置疑是占市场交易主体中的多数。但是市场中确有一些"货主"是通过民间搜集来的物品，渠道也十分广泛，有的是历史窑址的遗存物，有的是地下的，有的是沉船打捞上来的，有的是传世的，有的是国外回购的，也有的是"行货"交易（所谓"行货交易"，就是同行之间的买卖，历史上也叫串货交易）得来的，等等。更有一部分货主卖的是自己的收藏品，或者是藏家的家人拿出来专卖的。这些都是市场之所以存在的基本力量。觅好瓷，有市场。

388.蝠寿纹盘
清康熙（公元1662-1722年）
高: 3厘米
口径: 17厘米
足径: 10.5厘米
购买时间: 2000年1月22日
购买地点: 嘉兴古玩地摊
成交价格: 600.00元（两只）

389.花鸟纹盘
清康熙（公元1662-1722年）
高: 3厘米
口径: 13.5厘米
足径: 7.5厘米
购买时间: 2000年3月14日
购买地点: 天津沈阳道古玩商铺
成交价格: 600.00元

390.云鹤纹盘（底款: 玉石宝奇珍制）
清康熙（公元1662-1722年）
高: 4.1厘米
口径: 16.3厘米
足径: 7.3厘米
购买时间: 2012年11月20日
购买地点: 朋友转让
成交价格: 2000.00元

391.花篮纹盘
清康熙（公元1662-1722年）
高: 3厘米
口径: 21厘米
足径: 11.5厘米
购买时间: 1998年4月17日
购买地点: 同里老街古玩店
成交价格: 700.00元（两只）

实样览要

·青花龙纹

龙在上古图腾时代，就被华夏先民当作祖神敬奉，也是器表装饰的传统题材。正是由于此，龙的表现形式也丰富多彩，时代政治与文化赋予的特征也就十分突出。

419.雍正青花云龙

295.康熙青花云龙

386.康熙青花云龙

299.乾隆青花夔龙

392.如意纹碟
清康熙（公元1662-1722年）
高：3厘米
口径：11厘米
足径：9.5厘米
购买时间：2007年9月26日
购买地点：北京古玩城商铺
成交价格：6800.00元（两只）

[淘瓷考辨] 觅瓷应留意观察"四个特征"

市场觅瓷时就是面对一大堆的货，看你如何选择。购买时要留意观察和把握住四个方面的特征：一是物品的稀有性。有的藏品窑口一般，但是他生产的这类产品的器型和釉色很少，这类产品的流通量相对会少，收藏价值会高一些。二是器型。例如，方瓶是瓶的一种样式，制作工艺是由数块平板形瓷坯黏合而成。由于它的制作工艺比圆器复杂，决定了它的生产成本高，产量少，价值就高。三是书写有干支款的瓷器。这类瓷器由于有明确的干支款，就有了断代的研究价值，也具有了很高的收藏价值。四是器型规范、釉色纯正、图案精致。同类产品应该反复比较，去挑选质量好的藏品。例如，北宋景德镇湖田窑影青釉的产品，其影青的釉色，莹润青翠，青中透白，白中透青，近似玻璃透明状，用灯光照射有反透效果，这与当时景德镇周边窑口的产品在胎、釉、型方面有很大的差别，这都是在收藏时需要十分留意的。

394.菊石纹碟
清顺治（公元1644-1661年）
高：3.3厘米
口径：11.5厘米
足径：4.9厘米
购买时间：2011年10月15日
购买地点：上海藏宝楼地摊
成交价格：300.00元

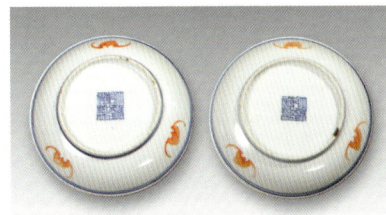

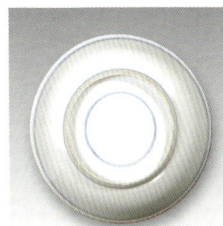

393.白釉地青花粉彩碟
清乾隆（公元1736-1795年）
高：3厘米
口径：14.5厘米
足径：9厘米
购买时间：2008年7月11日
购买地点：北京劲松古玩城商铺
成交价格：2000.00元（两只）

395.蝶恋花纹碟
清康熙（公元1662-1722年）
高：3厘米
口径：14厘米
足径：8厘米
购买时间：2000年3月14日
购买地点：天津沈阳道古玩商铺
成交价格：680.00元

实样览要

·书写有款的瓷器更具研究和收藏的价值

写有款识的瓷器，都有很好的断代作用，由于在器型、釉色、绘图纹饰等等方面有很强的对比性和参考性，所以不仅是收藏，而且更具有研究价值。

196.明嘉靖"大明成化年制"寄托款

213.明万历"玉堂佳器"堂名款

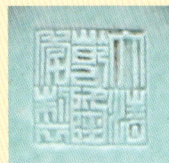

378."大清乾隆年制"干支款

394."戊子春月梓桑斋书"干支堂名款

396.青花矾红描金彩"福禄寿"人物纹盘
清乾隆（公元1736-1795年）
高：4厘米
口径：26厘米
底径：13厘米
购买时间：2006年10月4日
购买地点：荷兰赫尔辛基古玩店
成交价格：1.1万元（两只）

397.山水纹盘
清乾隆（公元1736-1795年）
高：4.8厘米
口径：20.8厘米
足径：13.1厘米
购买时间：2012年5月6日
购买地点：上海藏宝楼地摊
成交价格：3800.00元

[陶瓷考辨] 不规整带有普遍性

古代陶瓷的手工拉坯成型，是通过轮盘快速旋转完成的，而木制转轮达不到精确的旋转，所以其成型后的器皿不规整，就带有普遍性。但是要强调的是，所指的不规整，是相对的不规整，例如清代乾隆时期的瓷器，与其他各朝比要规整，但这类手工产品的规整还是无法与现在机械生产的标准产品相比较的。十多年前作者到青海出差，在青海古玩地摊看见摊主在销售仿制的仰韶文化的彩陶，结果摊主在移动摊位时，陶瓷互碰发出了陶土烧结度很高的清脆响声，摊主自己也不好意思笑了起来。这种东西就无需拿起来再细看了，只需要眼睛扫一下就知道：做得太精细了，这种精细是当时的成型工艺达不到的。所以听觉和器型符号都会给我们识别的信息。

398.淡描花卉纹花口折沿盘
清乾隆（公元1736-1795年）
高：5厘米
口径：26厘米
足径：13.5厘米
购买时间：1998年5月17日
购买地点：嘉兴古玩商铺
成交价格：600.00元

399.羲之爱鹅纹盘
清康熙（公元1662-1722年）
高：5厘米
口径：23厘米
足径：13厘米
购买时间：2001年3月28日
购买地点：北京古玩城商铺
成交价格：600.00元

400.淡描冰梅纹碗
清乾隆（公元1736-1795年）
高：7厘米
口径：18厘米
足径：5.5厘米
购买时间：2004年5月3日
购买地点：瑞典斯德哥尔摩古玩店
成交价格：1000.00元

401.淡描缠枝纹撇口碗
清乾隆（公元1736-1795年）
高：6.5厘米
口径：14厘米
足径：5.5厘米
购买时间：2008年4月27日
购买地点：北京古玩城商铺
成交价格：2000.00元（两只）

实样览要

·视觉中总会带有的遗憾——不规整

与现代精细模具制造的产品相比，陶瓷这一古老的手工艺产品无法抹去的就是"手拙"这一既真实又古朴的痕迹。

69.北宋

167.元代

229.明代

271.清代

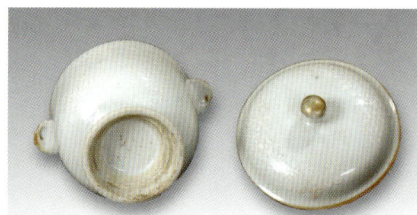

402.白釉白花盖罐
清乾隆（公元1736-1795年）
高：12厘米
口径：10厘米
足径：6厘米
购买时间：2006年6月27日
购买地点：太原古玩城商铺
成交价格：1600.00元

403.霁蓝釉盘
清雍正（公元1723-1735年）
高：2.5厘米
口径：20.5厘米
底径：10.5厘米
购买时间：1998年2月18日
购买地点：西安八仙奄古玩商铺
成交价格：600.00元

[陶瓷考辨] 掂量和看色泽要学会多比较

去熟悉掂量或色泽符号的内涵，最主要的学习方法就是要多比较、多掂、多看。例如，你的家人穿的是一件旧衣服还是新衣服，你会搞错吗？是不会搞错的，这是因为这衣服是我们每天接触的，我们熟悉衣服的成色。过去商店里卖肉的师傅，一刀下去份量准不会错，这是为什么？这是因为他太熟悉肉的体积与比重的关系。瓷器鉴定也是这样，要找一些已经确定"身份"的瓷器反复看，反复掂量。当我们经常把日用品、陈设器、出土的、海捞的瓷器一件件反复地、仔细地比对，去熟悉不同瓷器的不同重量，它的色泽在不同光源条件下的变化，特别是一些很细微的变化，坚持这样去做，你就会发现，手中和眼中展示出的内容一定是很丰富的。当你一旦掌握了这些自然变化的信息，它就会告诉你所期盼的结论。

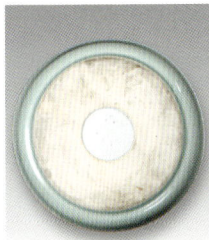

404.白釉酱口撇口杯
清顺治（公元1644-1661年）
高：4厘米
口径：7.2厘米
足径：3厘米
购买时间：2012年3月8日
购买地点：上海藏宝楼地摊
成交价格：700.00元（两只）

405.白釉酱口折沿盘
清顺治（公元1644-1661年）
高：5厘米
口径：23.5厘米
底径：18厘米
购买时间：2002年4月18日
购买地点：上海藏宝楼商铺
成交价格：700.00元

406.豆青釉折沿盘
清雍正（公元1723-1735年）
高：4厘米
口径：25.5厘米
足径：15.5厘米
购买时间：2013年3月22日
购买地点：上海藏宝楼商铺
成交价格：4000.00元

407.白釉刻画寿纹折沿碟
清康熙（公元1662-1722年）
高：4厘米
口径：13厘米
足径：6厘米
购买时间：2003年10月19日
购买地点：上海藏宝楼地摊
成交价格：200.00元

实样览要

·胎骨重量内含的质量信息

如果把瓷业发展与社会环境密切相连，可以发现社会动荡与衰弱瓷业质量会随之下降，最直接的会影响胎体质量。一般而言，顺、康、雍、乾四朝的瓷器，顺治最厚，康熙最薄，雍正次之，乾隆再次之，这些在掂量时会有感觉。

394.顺治

392.康熙

406.雍正

398.乾隆

408.蓝地粉彩牡丹纹盖碗
清嘉庆-道光（公元1796-1840年）
高: 12.5厘米
口径: 25.6厘米
足径: 14.7厘米
购买时间: 1998年9月21日
购买地点: 南通文物商店
成交价格: 8000.00元

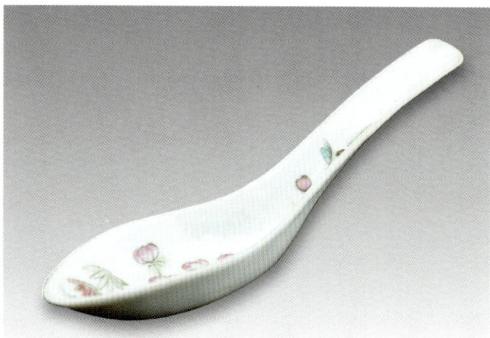

409.粉彩花卉纹羹匙
清乾隆（公元1736-1795年）
长: 13.4厘米
宽: 3.7厘米
购买时间: 2005年9月4日
购买地点: 德国柏林古玩店
成交价格: 10.00元

410.粉彩菊花纹描金盘
清乾隆（公元1736-1795年）
高: 3厘米
口径: 16厘米
足径: 8厘米
购买时间: 2006年2月12日
购买地点: 法国跳蚤市场
成交价格: 1200.00元（两只）

[淘瓷考辨] 要学会挑选"细瓷"

在市场觅瓷时要注意，千万不要将生活中的一般用品、随葬的冥器等大路货，都当宝贝来收藏。市场上可见的大部分饮食器皿，当时就是普通家庭使用的，可以收藏，但收藏价值不大。现在古玩流通领域主要还是生活用瓷占了很大的比例，其中还有不少粗制滥造的东西。大路货的东西，除非做专题收藏，否则最好不要去碰。收藏界有许多佼佼者，我们曾多次听他们很有感触地谈起，刚开始搞收藏时，由于缺少专家指点，都走过不少买大路货的弯路。他们这种长期亲历积累的经验，收藏的后来者应该引以为戒，这就要求我们学会拒绝"大路货"和善于选择"细瓷"的本领，收藏精品的机会虽然不多，但古代做工精湛的工艺瓷器毕竟还是可以遇见。

411.粉彩松鹿牡丹花卉纹碗
清乾隆（公元1736-1795年）
高：10厘米
口径：24厘米
足径：11.5厘米
购买时间：2009年2月21日
购买地点：北京劲松古玩城商铺
成交价格：8000.00元（两只）

412.轧道粉彩诗文开光碗
清乾隆（公元1736-1795年）
高：8厘米
口径：17.5厘米
足径：7.5厘米
购买时间：2004年5月22日
购买地点：太原工人文化宫古玩商铺
成交价格：2500.00元

414.五彩花卉纹高足杯
清乾隆（公元1736-1795年）
高：13.5厘米
口径：9厘米
底径：6厘米
购买时间：2009年8月22日
购买地点：北京劲松古玩城商铺
成交价格：2000.00元

413.五彩人物故事纹盘
清雍正（公元1723-1735年）
高：4厘米
口径：19厘米
足径：12厘米
购买时间：1998年4月22日
购买地点：北京古玩城商铺
成交价格：700.00元

三编

清代顺治至道光（1840）时期

实样览要

·乾隆彩釉在器表上的华丽展现

乾隆时期创新了各种色地粉彩、仿生粉彩、综合塑刻、堆塑技法施用粉彩的制作工艺，将粉彩的装饰效果推向了极致。

378.塑刻粉彩　　396.青花矾红描金　　412.轧道粉彩　　423.粉彩描金

415.菊花缠枝如意纹碗
清嘉庆（公元1796-1820年）
高：4.7厘米
口径：9.3厘米
足径：3.2厘米
购买时间：2001年11月24日
购买地点：南通文物商店
成交价格：280.00元（两只）

416.菊花纹杯
清嘉庆-道光（公元1796-1840年）
高：6厘米
口径：7厘米
足径：4厘米
购买时间：2008年2月26日
购买地点：北京古玩城商铺
成交价格：2800.00元（四只）

417.花卉回纹边饰碗
清嘉庆（公元1796-1820年）
高：3.5厘米
口径：6.5厘米
足径：3厘米
购买时间：2004年3月24日
购买地点：瑞典斯德哥尔摩古玩店
成交价格：280.00元

[淘瓷考辨] 要找一个合理的价格成交

2006年国庆假日，我们到南京朝天宫的博物馆参观。说来也很有趣，当时我们路经博物馆的地摊，见有一只典型的南朝的青瓷莲花瓣纹盖托，引起了我们的注意，向卖主问价，曰800元。我们没有还价，反问卖主："你知道这是派什么用场的吗？"他说："不知道，但肯定是老东西。"我们说："你不知道是什么，就开价800元？"围观的人也表示不可理解，这一激，搞得卖主很尴尬，问我们："你看多少钱可拿？"我们说："80元差不多。"卖主口气很坚决："不可能！"看来互相之间，价格相差太大，当场也无法成交。实际上，市场觅瓷有一个"小窍门"，如果你断定很少有人看得懂的东西，又嫌开价太高，不要急于成交，等到收摊前，价格一般会下来。你仔细想想，即使再有钱的人，也不可能去花800元钱，买一个自己也看不懂的东西。所以买任何藏品都应该在双方都以为是一个合理的价位内成交。

418.菊花纹碗
清嘉庆（公元1796–1820年）
高：3.5厘米
口径：6厘米
足径：3厘米
购买时间：2007年3月14日
购买地点：太原工人文化宫古玩商铺
成交价格：320.00元

419.云龙纹盘
清雍正（公元1723–1735年）
高：4厘米
口径：23厘米
足径：14厘米
购买时间：2000年5月1日
购买地点：北京古玩城商铺
成交价格：1100.00元

420.花卉纹杯
清乾隆（公元1736–1795年）
高：4.5厘米
口径：6厘米
足径：2厘米
购买时间：2008年9月11日
购买地点：北京古玩城商铺
成交价格：300.00元（两只）

421.红彩兰花纹杯
清嘉庆–道光（公元1796–1840年）
高：3.5厘米
口径：5.5厘米
足径：3.5厘米
购买时间：2004年6月21日
购买地点：绍兴古玩商铺
成交价格：220.00元（两只）

422.花卉纹酒杯
清嘉庆（公元1796–1820年）
高：2.2厘米
口径：3.9厘米
足径：1.7厘米
购买时间：2009年1月4日
购买地点：上海藏宝楼地摊
成交价格：280.00元（两只）

实样览要

·青花花卉纹的"画"和"染"

元代、明代在青花绘图方面的工序与清代不同，清代青花绘图分"画"和"染"两道工序进一步规范。"画"是设计和勾画纹样的轮廓；"染"是在勾勒的图样内填色。清代早期青花绘制精细，是与一丝不苟的制作工艺分不开的。

387.康熙花卉

391.康熙花篮

344.乾隆菊花

420.乾隆花卉

423.珊瑚红开光描金粉彩牡丹花纹碗
清嘉庆（公元1796-1820年）
高：9厘米
口径：17厘米
足径：7厘米
购买时间：2004年5月22日
购买地点：太原工人文化宫古玩商铺
成交价格：2200.00元

424.粉彩描金云纹碟
清乾隆（公元1736-1795年）
高：3厘米
口径：11.6厘米
足径：6厘米
购买时间：2002年9月21日
购买地点：南通文庙古玩商铺
成交价格：180.00元

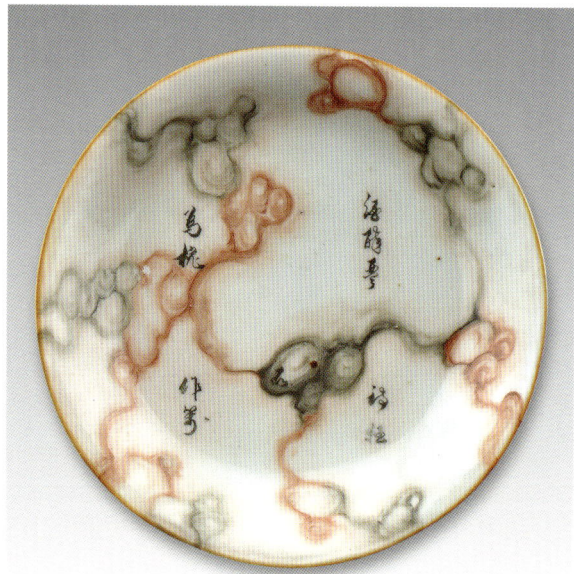

[陶瓷考辨] 新材料使彩绘效果发生了质的变化

明代以后欧洲瓷器的材料质量已经远远超过了中国，当清朝乾隆督造官唐英奉命编撰的《陶冶图说》还在详细介绍："以水缸浸泥、木钯翻搅，漂起渣滓，过以马尾细箩……"的陶炼方法时，欧洲在此之前，已经把化学、机械工业技术，运用在瓷业之中。所以说，明代以后欧洲在瓷质、颜料、设计、成型工艺方面已经远远走在中国的前面。例如在颜料方面，根据《景德镇陶业纪事》记载："吾国染料，素无工厂制造，通商以来，为德国颜料之独占地。"说明在清代中晚期以后，很多民用瓷器也都用上了外国的釉料。而新材料的使用，使彩绘更精致，能更好地表达作者或工匠的绘画创作意图。

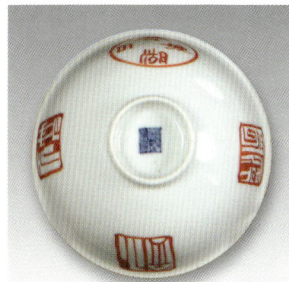

426.红彩篆字酱口碗
清嘉庆（公元1796-1820年）
高：5厘米
口径：9厘米
足径：3厘米
购买时间：2006年10月6日
购买地点：北京劲松古玩城商铺
成交价格：280.00元

425.红彩福字纹碗
清乾隆（公元1736-1795年）
高：5.5厘米
口径：9.5厘米
足径：3.5厘米
购买时间：2006年10月6日
购买地点：北京劲松古玩城商铺
成交价格：800.00元

427.红彩寿字纹花菱花口碗
清乾隆－嘉庆（公元1736-1820年）
高：4.5厘米
口径：9厘米
足径：3.5厘米
购买时间：2006年10月6日
购买地点：北京劲松古玩城商铺
成交价格：300.00元

428.红彩寿字纹花菱花口碗
清道光（公元1821-1840年）
高：4厘米
口径：9厘米
足径：4厘米
购买时间：2006年10月6日
购买地点：北京劲松古玩城商铺
成交价格：300.00元

实样览要

·色地彩绘

清代景德镇在三彩、粉彩由原来的玻璃白填底着色的工艺基础上，进一步创新运用了多种色地相配的施彩工艺，红彩器或加饰金彩在器表装饰方面，形成了丰富多彩、色彩艳丽、精巧入微的视觉艺术效果。而在元代法律《元典章·工部·杂造》规定，瓷器上不能用金彩装饰，违者是要杀头的。

375.黄地三彩

374.绿地三彩

433.松石绿地粉彩

424.白釉地粉彩

429.粉彩人物纹福字形执壶
清乾隆（公元1736—1795年）
高：22厘米
足径：3.5×7.5厘米
购买时间：2006年5月3日
购买地点：丹麦哥本哈根古玩店
成交价格：6800.00元

[陶瓷考辨] 市场是一个公平的交易平台

古玩市场之所以活跃，并能够长期吸引顾客的最大的魅力在于，这是一个知识可以用货币来实现的平台。在这个平台上，有鉴定能力的收藏爱好者和专家买到的藏品往往都是很便宜的，这是因为他们掌握的知识全面，而这种知识，在这个市场上就是一种可以用货币来衡量的无形资产，同时收藏的过程，也是一个不断产生新的创意的过程。觅瓷的乐趣就是你掌握的鉴定知识越全面，你购买的藏品就会越便宜，这是规律，否则就是一种相反的结果。交易和价格是由双方的认识确定的。知识的角力，来确定成交价格，是古玩交易形成的最健康的成分。"摊主"卖的是好东西，但价格叫高了，钱在你口袋里，你可以不买。"摊主"卖的是"大路货"或是赝品，你不但可以不买，甚至可以不看，整个市场的交易过程，在我们看来就是一曲协奏曲，各得其所就是这个市场的奥妙所在。随着鉴定知识的普及和提高，在这个平台上会逐步去除售假的"杂音"，并获得越来越健康的发展。

430.淡描青花菊花纹执壶
清康熙（公元1662-1722年）
高：12.5厘米
口径：6.5厘米
足径：6厘米
购买时间：2005年2月22日
购买地点：瑞典哥德堡古玩店
成交价格：1600.00元

431.宜兴提梁式紫砂壶
清嘉庆（公元1796-1820年）
高：17.5厘米
口径：7厘米
底径：8.1厘米
购买时间：2012年9月26日
购买地点：北京石景山工艺品市场商铺
成交价格：800.00元

432.广彩描金风景图执壶
清嘉庆（公元1796-1820年）
高：13厘米
口径：6.5厘米
足径：6厘米
购买时间：2005年2月22日
购买地点：瑞典哥德堡古玩店
成交价格：1800.00元

433.松石绿地瓷雕粉彩桃形倒流壶
清乾隆（公元1736-1795年）
高：11.2厘米
足径：9.6厘米
购买时间：2001年12月15日
购买地点：南京朝天宫地摊
成交价格：220.00元

实样览要

· 景德镇的塑刻装饰

从宋代优雅纤巧的刻画，到现代的釉彩、绘画、雕塑为一体装饰的综合工艺技术，景德镇陶瓷装饰技能的发展，无不体现陶瓷历史跳动的脉搏。

72.刻画

63.模塑

249.青花雕塑

433.粉彩瓷塑

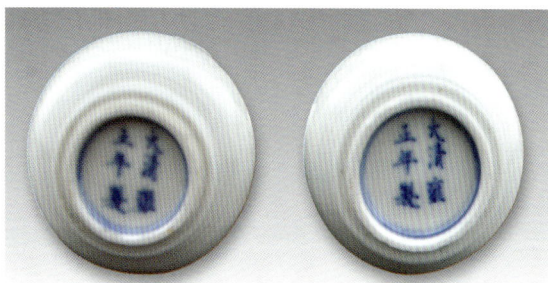

434.刻画蝠寿纹葫芦瓶
清嘉庆—道光（公元1796—1840年）
高: 7厘米
口径: 1.4厘米
足径: 2.4厘米
购买时间: 2007年11月3日
购买地点: 长春古玩商铺
成交价格: 1600.00元（两只）

[淘瓷考辨] 葫芦的文化属性

浙江河姆渡文化遗址发现有葫芦和葫芦种子，证明中国种植葫芦有7000年以上的历史。由于葫芦能作蔬菜食用，又可以作盛器、劳动工具和乐器，古人在生活、劳动、娱乐中不断以精神上感知、希望、幻想加之于它。有资料证明，至少在新石器时期葫芦就有了文化属性，以后逐步成为文化载体、文化事象。中国古陶瓷艺术中，葫芦其形源于新石器时代仰韶文化的陶瓶，唐代以后这种器型的品种逐渐丰富，也逐步从实用器型转为观赏艺术品。葫芦在中国吉祥文化中展示了很丰富的内容，特别作为繁殖生育，多子多孙的吉祥物，在很多亚洲国家的文化中都有反映。已故北大教授季羡林在其翻译的印度大史诗《罗摩衍那》第一篇就有这一段："须摩底呢，虎般的人！生出来一个长葫芦，人们把葫芦一打破，六万个儿子从里面跳出。"季羡林先生讲："原来葫芦种子很多，也许就为了这个缘故，原始先民对它加以崇拜，以祈求多子。"

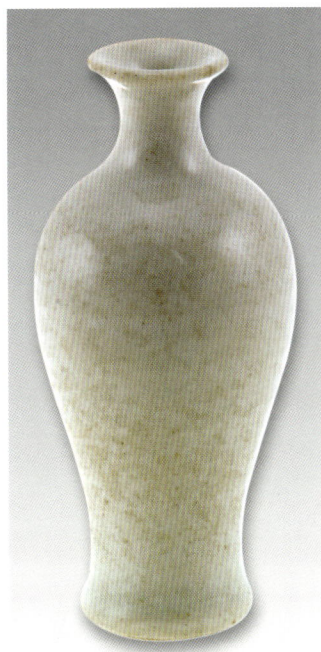

435.梅瓶
清雍正（公元1723-1735年）
高：7.4厘米
口径：1.7厘米
底径：2.3厘米
购买时间：2005年12月17日
购买地点：苏州文庙古玩地摊
成交价格：80.00元

436.镗锣洗
清嘉庆-道光（公元1796-1840年）
高：3.1厘米
口径：8.5厘米
足径：7.3厘米
购买时间：2004年1月18日
购买地点：上海藏宝楼地摊
成交价格：160.00元

437.涩胎瓷塑鼠形鼻烟壶
清道光（公元1821-1840年）
高：3.2厘米
购买时间：2006年10月1日
购买地点：瑞典斯德哥尔摩古玩店
成交价格：580.00元

438.瓷塑鸡形水注
清嘉庆（公元1796-1820年）
高：8.5厘米
底径：4.4×3.3厘米
购买时间：2002年6月9日
购买地点：上海藏宝楼地摊
成交价格：100.00元

实样览要

·很有观赏、把玩性的文房清玩

明代鉴赏家文震亨的《长物志》把文房器物分为45种器型，当然现在还远远不止这些。文房清玩的特点是：大不盈尺，小不足寸，小器大样，小巧雅致，有很高的艺术和观赏价值。

464.仿生瓷

544.葫芦瓶

539.花觚

543.雕瓷水丞

439.青花寿字如意纹八角套盆
清乾隆－嘉庆（公元1736-1820年）
高：19厘米
口径：长×宽 23×23厘米
底径：长×宽 18×18厘米
购买时间：2006年5月4日
购买地点：太原古玩商铺
成交价格：8000.00元

440.青花花蝶如意纹八角套盆
清乾隆－嘉庆（公元1736-1820年）
高：18厘米
口径：长×宽 22×22厘米
底径：长×宽 17×17厘米
购买时间：2006年5月4日
购买地点：太原古玩商铺
成交价格：8000.00元

[陶瓷考辨] 对投资属性的认识

古玩收藏品是有投资价值的，搞收藏的大部分人也是看准了收藏有很好的投资属性，故而喜欢收藏。但是现在人们越来越清醒地认识到，并不是什么收藏品都有投资价值或很高的回报价值，特别是古代民间的一些普通日常用品，即使交易的价位不高，但是升值的潜力也是很有限的。特别是"热"了过头以后，大家冷静下来思考而幡然醒悟的是，收藏品兑现货币实际上是一件很困难的事。藏品的交易范围是很狭窄的，因为它仅仅是在藏品的爱好者之间进行的，它不像金融市场的产品和衍生产品都可以即时兑现。所以说，交易范围狭窄，兑现不方便是收藏品投资属性的弱点。

441.淡描青花缠枝纹叶形水仙盆
清嘉庆（公元1796-1820年）
高：4.5厘米
口径：11×18厘米
底径：9.5×16厘米
购买时间：2000年4月21日
购买地点：苏州文庙古玩商铺
成交价格：680.00元

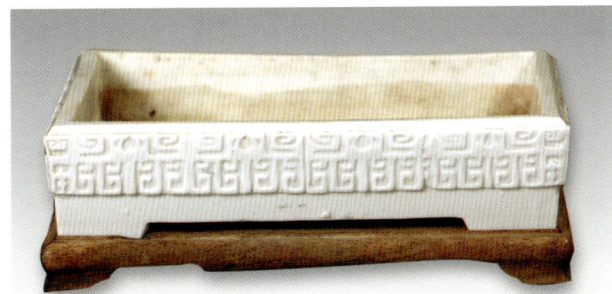

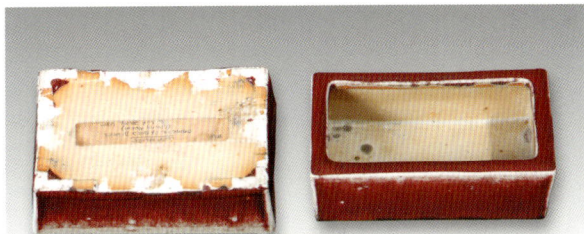

442.白釉堆贴回纹长方型盆景花盆
清雍正（公元1723-1735年）
高：6厘米
长×宽：18×25厘米
购买时间：2005年2月22日
购买地点：瑞典哥德堡古玩店
成交价格：2000.00元

443.霁红釉长方型水仙盆
清嘉庆（公元1796-1820年）
高：4.5厘米
底径：9.5×15.5厘米
购买时间：2011年8月22日
购买地点：上海藏宝楼地摊
成交价格：4500.00元（两只）

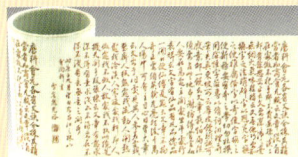

实样览要

·适合纹样的展示

　　除了盘、碟、瓷板画等平面纹样外，陶瓷器的器表纹样运用的是"适合纹样"，即将一个整体的画面适当地安排在某一特定形状如多角的花盆和圆型的香炉，花瓶，笔筒范围之内，使之每一面符合一个截面的视觉要求，但是其全部又形成一个完整的画面，要强调的是，任何适合纹样都有起始与收口，起始与收口也是非语言符号信息，在鉴赏时应该整体观察。

444.炉钧釉贴塑梅花竹型笔筒
清嘉庆（公元1796–1820年）
高：14.5厘米
购买时间：2003年2月12日
购买地点：上海藏宝楼地摊
成交价格：160.00元

[淘瓷考辨] 要学会对"大路货"说不

有一次朋友们外出，见一爿古玩店里有两只梅瓶，一只是南宋青白釉的，一只是明代青花人物纹的，朋友很喜欢，但囊中羞涩只有够买一只的钱，买哪一只更好？我们建议他买明代的那只。他有疑惑，不是宋代的年份更早一些吗？为什么要买明代的？我们说，明代的那只是陈设瓷，做工比较精致一些。他接受了这个建议。古玩年份长，有年份长的历史价值，但买古玩一定要防止东西越老越好的误区。从收藏"细瓷"的角度来看，如果我们把陶瓷器分为三类，第一类应该是精品。如宋代五大名窑的精品和历代官窑等等。第二类是做工精致的细瓷。第三类则是大路货。这好比书画收藏，主要是看名头，名头越大越有收藏价值；没有名头就要看笔头，所谓笔头，就是画工要精致；既没有名头，画工又不精致的作品就属于大路货。花钱买藏品，要的是有收藏价值的东西，所以要学会对"大路货"说不。

445.青花山形笔架
清嘉庆-道光（公元1796-1840年）
高：5.6厘米
底长×宽：10.7×3.7厘米
购买时间：2002年4月20日
购买地点：上海藏宝楼地摊
成交价格：80.00元

446.黄釉叶形水丞
清嘉庆（公元1796-1820年）
高：3厘米
底径：9.7×3厘米
购买时间：2006年6月10日
购买地点：安徽歙县古玩地摊
成交价格：240.00元

447.青花剑叶纹瓷砚
清嘉庆（公元1796-1820年）
高：3厘米
足径长×宽：10.4×6.5厘米
购买时间：2006年5月7日
购买地点：太原工人文化宫古玩地摊
成交价格：700.00元

448.淡描青花长方型印盒
清嘉庆（公元1796-1820年）
高：4厘米
足径：10.2×8.3厘米
购买时间：2003年12月20日
购买地点：芜湖古玩地摊
成交价格：150.00元

449.粉青釉柿式水注
清嘉庆-道光（公元1796-1840年）
高：4厘米
口径：6.5厘米
底径：6厘米
购买时间：2011年5月24日
购买地点：上海东亚国际古董展销会
成交价格：3000.00元

450.青花铭文印盒
清嘉庆（公元1796-1820年）
高：2厘米
口径：3.5厘米
足径：2厘米
购买时间：2006年11月23日
购买地点：北京古玩城商铺
成交价格：120.00元

实样览要

·辅助纹样的吉祥图案

对瓷器的欣赏在于化境，通过对纹饰的情思憬悟，使主题与器型达到浑然一体的欣赏效果，辅助纹样是主题纹样的烘托和补充。

168.水波纹

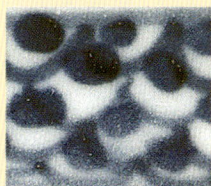

212.鱼鳞锦

439.如意纹

447.剑叶纹

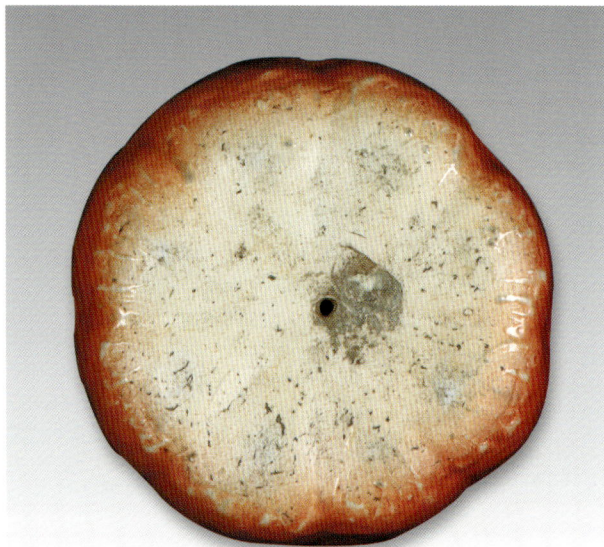

452.南瓜仿生瓷
清乾隆（公元1736-1795年）
高：11厘米
底径：16厘米
购买时间：2012年5月23日
购买地点：上海东亚古董展销会
成交价格：5000.00元

451.霁釉蓝地描金梵文三足筒炉
清乾隆（公元1736-1795年）
高：8.5厘米
口径：9.5厘米
足径：5厘米
购买时间：2010年10月4日
购买地点：北京古玩城商铺
成交价格：3000.00元

[淘瓷考辨] 对收藏品的价值，会有一个不断认识的过程

我们周围有很多朋友，过去几百、几千买来的藏品，现在几十万、上百万的转让了，他们当时并不一定认识到现在的价格，但也绝不是瞎子捕鱼。他们具备对所购买藏品的价格上涨空间的前瞻性认识，这些钱应该是他们赚的。但是也有更多的听到，周围的朋友在懊悔，看到现在一些藏品的市场价格，后悔当初也曾碰到没有买。为什么当时没有买，不是不识，而是当时认为开价高了，没有买。所以我们讲对价格的认定要有"两性"，既要有对比性也要有前瞻性。对比性是对目前市场价格的认识，千万不要把一般的收藏看得很值钱。而前瞻性是对藏品的珍稀等级的认识，也千万不要舍不得购买认为已高于市场价格的珍稀收藏品，就是对它们的升值空间要有充分的认识。

453.白釉旋纹圈足炉
清乾隆（公元1736-1795年）
高: 6厘米
口径: 8厘米
足径: 5.7厘米
购买时间: 2006年5月25日
购买地点: 上海藏宝楼地摊
成交价格: 600.00元

454.霁蓝釉双耳三足炉
清嘉庆（公元1796-1820年）
高: 6厘米
口径: 10.9厘米
足径: 7.2厘米
购买时间: 2005年1月23日
购买地点: 宁波旧货市场商铺
成交价格: 280.00元

456.红绿彩人物纹观音瓶
清顺治（公元1644-1661年）
高: 8.7厘米
口径: 3.2厘米
足径: 4厘米
购买时间: 1998年5月16日
购买地点: 南京朝天宫地摊
成交价格: 80.00元（两只）

455.白釉竹节筒式炉
清嘉庆（公元1796-1820年）
高: 11厘米
口径: 12厘米
足径: 9厘米
购买时间: 2008年1月12日
购买地点: 上海藏宝楼古玩市场商铺
成交价格: 850.00元

457.仿哥窑铁锈釉梅花贴塑鱼篓尊
清嘉庆（公元1796-1820年）
高: 13.5厘米
口径: 8厘米
足径: 7厘米
购买时间: 2008年4月23日
购买地点: 南通文庙古玩地摊
成交价格: 3800.00元

458.青花博古纹撒子罐
清乾隆（公元1736-1795年）
高：8厘米
口径：7.5厘米
足径：5.5厘米
购买时间：2003年10月4日
购买地点：北京潘家园地摊
成交价格：780.00元

459.青花人物橄榄纹瓶
清嘉庆（公元1796-1820年）
高：8.2厘米
口径：2.3厘米
底径：2.8厘米
购买时间：2003年9月23日
购买地点：溧阳旧货地摊
成交价格：10.00元

460.青花寿字纹罐
清嘉庆（公元1796-1820年）
高：6厘米
口径：3厘米
足径：4厘米
购买时间：2006年7月24日
购买地点：北京潘家园地摊
成交价格：400.00元

461.青花梅纹罐
清乾隆（公元1736-1795年）
高：6.5厘米
口径：8厘米
足径：7厘米
购买时间：1998年3月22日
购买地点：上海福佑路古玩地摊
成交价格：360.00元

462.吹红釉酱口鸟食罐
清康熙（公元1662—1722年）
高：7厘米
购买时间：2005年6月22日
购买地点：西安古玩商铺
成交价格：200.00元

463.五谷丰登纹瓷片
清嘉庆（公元1796—1820年）
直径：20厘米
购买时间：2002年4月21日
购买地点：上海东亚收藏品展览会
成交价格：2200.00元

464.粉彩草梅仿生瓷
清康熙（公元1662—1722年）
购买时间：2006年11月4日
购买地点：长春古玩商铺
成交价格：200.00元

实样览要

·清代色地彩丰富的装饰品种

清代康、雍、乾三朝在色地彩装饰方面作了很多创新，"一地一彩"品种丰富，很有特点，形成了颜色釉品种的一大亮点，在质感上康熙最好，雍正次之，乾隆再次之，清中期以后产品少有创新。

253.黄釉地三彩　　451.霁蓝地描金　　267.豆青地青花　　283.珊瑚红地蓝彩

淘瓷考辨

彩绘以及它的各种图案，会折射出三方面的时代特征。一是彩料。彩料的种类是随着技术发展而越来越丰富的，不同时期的彩料又受当时技术条件的限制各自都形成了时代的特点或不足，这反而成为后仿彩料难以复制的障碍。比较早的有宋红绿彩、金代扒村五彩、法华彩。元代以后又创有青花、素三彩、五彩以及珐琅彩、粉彩、广彩、新粉彩、浅绛彩等；二是绘画风格。绘画风格反映的是绘画美学与技法的时代特征，在不同时期都会有不同的审美要求与绘画技法形成的风格。例如龙纹、梅、兰、竹、菊，山水花鸟等都是历代传统的题材，但是不同时期的表现手法不同。

四编 近代陶瓷器
（近代晚清至民国时期：公元1840-1949年）

Chinaware in Late Qing Dynasty (in modern history) to Minguo Period

(1840-1949)

465.八仙过海执壶
晚清道光（公元1840-1850年）
高: 11厘米
口径: 11厘米
足径: 7厘米
购买时间: 2009年7月23日
购买地点: 上海云洲古玩城商铺
成交价格: 4000.00元

[淘瓷考辨] 瓷器彩绘的时代性

彩绘以及它的各种图案，会折射出三方面的时代特征。一是彩料。彩料的种类是随着技术发展而越来越丰富的，不同时期的彩料又受当时技术条件的限制各自都形成了时代的特点或不足，这反而成为后仿彩料难以复制的障碍。比较早的有宋红绿彩、金代扒村五彩、法华彩。元代以后又创有青花、素三彩、五彩以及珐琅彩、粉彩、广彩、新粉彩、浅绛彩等等；二是绘画风格。绘画风格反映的是绘画美学与技法的时代特征，同一主题纹饰，在不同时期都会有不同的审美要求与绘画技法形成的风格。例如龙纹、梅、兰、竹、菊、山水花鸟等都是历代传统的题材，但是不同时期的表现手法不同。就明清时期的青花纹饰而言，正如耿宝昌先生所总结的，明代初期的一笔点画写意；永乐时期纹饰的纤细；明代中晚期的勾勒填涂；清代康熙时期用披麻皴法绘出重恋叠峰的远近疏密的层次；雍正时期的笔触纤柔，等等。三是图案。图案内容最具有当时的政治与文化特征，例如瓷器腹部绘阿拉伯文，是明代正德瓷器的文化特色，这与明武宗崇信伊斯兰教有关。嘉靖时期流行青花云鹤纹，这与嘉靖皇帝喜好黄老之道有关。永乐时期的青花缠枝花卉，带有中东地区伊斯兰文化装饰特点；明代嘉靖、万历时期的青花八卦纹，与当时流行的道教文化相关，等等。明末时期社会衰败，在天启、崇祯年间传统的龙纹也体现了画法稚拙、草率、柔弱无力的画风，而这些都成了鉴定明代当朝瓷器的典型特征。

466.人物纹花口碗
晚清道光（公元1840-1850年）
高: 6.5厘米
口径: 10厘米
足径: 4厘米
购买时间: 2005年6月11日
购买地点: 南通文物商店
成交价格: 1200.00元（两只）

467.婴戏纹杯
晚清道光（公元1840-1850年）
高: 7厘米
口径: 8厘米
足径: 3.5厘米
购买时间: 2010年4月22日
购买地点: 上海多宝楼商铺
成交价格: 6800.00元（两只）

468.花卉纹花口碗
晚清道光（公元1840-1850年）
高: 3.5厘米
口径: 9.5厘米
底径: 4.5厘米
购买时间: 2005年4月22日
购买地点: 北京古玩城商铺
成交价格: 600.00元（两只）

469.人物纹花口碗
晚清道光（公元1840-1850年）
高: 7厘米
口径: 12.5厘米
足径: 5.5厘米
购买时间: 2006年8月21日
购买地点: 西安小东门古玩城商铺
成交价格: 700.00元

实样览要

·清代釉上彩绘人物纹

清代釉上彩绘人物具有传统的中国画的特征，据耿宝昌先生介绍，均以当时名画家的绘画为蓝本，勾染绘画兼糅西方绘画技法。勾染皴擦，浓淡分水，清新明艳，立体感强。

413.五彩

396.矾红彩

429.粉彩

496.描金粉彩

470.青花粉彩人物纹笔筒（适合纹样展示）
晚清同治（公元1862−1874年）
高：14.3厘米
口径：13.3厘米
底径：13厘米
购买时间：2004年4月17日
购买地点：上海藏宝楼地摊
成交价格：1200.00元

[淘瓷考辨] 变形主义的绘画风格

清代中期以后陈老莲的绘画风格的瓷画，在瓷器器表装饰上很有影响。陈老莲，姓名陈洪绶，明末清初著名画家，因好画莲，日号老莲。他的绘画技法具有奇傲古拙的风骨，至今对画坛的影响很大，很多画坛名人都继承了他的风格。陈老莲的绘画，以人物画成就最高，在清代中晚期至民国期间，瓷器上很多青花的、粉彩的人物纹饰，都采用了他绘画风格，富于夸张，形式上表现出一种追求怪诞的特点。

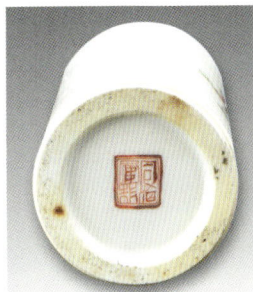

471.描金人物纹笔筒
晚清同治（公元1862-1874年）
高: 11.7厘米
口径: 6厘米
足径: 6厘米
购买时间: 2005年7月10日
购买地点: 上海藏宝楼地摊
成交价格: 260.00元

472.描金人物纹笔筒
晚清同治（公元1862-1874年）
高: 11.7厘米
口径: 6.5厘米
足径: 6.4厘米
购买时间: 2002年3月9日
购买地点: 南京朝天宫地摊
成交价格: 400.00元

473.描金人物纹笔筒
晚清光绪（公元1875-1908年）
高: 12厘米
口径: 6.2厘米
足径: 5.9厘米
购买时间: 2002年6月9日
购买地点: 上海藏宝楼地摊
成交价格: 160.00元

474.描金人物纹笔筒
晚清同治（公元1862-1874年）
高: 12.1厘米
口径: 6.4厘米
足径: 6.7厘米
购买时间: 2003年8月3日
购买地点: 贵州省文物商店
成交价格: 180.00元

实样览要

·没骨画技法

粉彩、墨彩、浅绛彩等施彩方法，其画法相当于中国画中的没骨法，所绘人物、山水、花卉不用墨线勾勒，直接用彩色描绘物象。
没骨画技法所绘人物图:

467

469

474

471

475.仕女纹笔筒（适合纹样展示）
晚清同治（公元1862-1874年）
高：12厘米
口径：7厘米
足径：7.2厘米
购买时间：2003年10月11日
购买地点：上海藏宝楼地摊
成交价格：280.00元

476.粉彩绮罗纹笔筒笔筒
晚清（公元1862-1911年）
购买时间：1998年9月-2006年12月
购买地点：各地古玩商铺与地摊
成交价格：1600.00元（七只）

[淘瓷考辨] 吸引眼球的绮罗人物画

粉彩是在康熙晚期五彩瓷器的基础上，通过改进传统彩料配方创烧成功的低温釉上彩绘，是康熙时期创制的新品种。粉彩最能够在瓷器上体现平涂、渲染、洗、皴、点等中国画的绘画技巧，并能在人物衣褶、仪态等方面有很好地表现，这是其他彩料所不及的，也形成了清代粉彩精细、淡雅、柔丽的画风。晚清民国的粉彩人物画的表现题材也很丰富，目前古玩市场上多见的"仕女"图案，也被称之为"绮罗人物画"的，在晚清民国时期瓷器纹饰上很流行，也体现了当时半封建半殖民社会的文化特征。

黛玉葬花纹笔筒

黛玉葬花纹笔筒

黛玉葬花纹笔筒

黛玉葬花纹笔筒

黛玉葬花纹笔筒

仕女纹笔筒

实样览要

·粉彩能体现衣服折褶渲染技巧

一般以为清乾隆之后的粉彩少有突破，并呈下降趋势。实际上为了迎合"取悦于人"的市场多元需求，清末彩瓷纹饰选题新颖更符合市民的文化习俗，绘画技巧更多地融合了西洋画法，加之彩料品种的引进和创新，晚清时期的彩绘瓷不仅繁盛，而且形成了自己的独特风格。

465

467

521

496

477.景德镇粉彩人物纹印盒
晚清道光（公元1840-1850年）
高: 4.5厘米
口径: 8.5厘米
足径: 8厘米
购买时间: 2006年3月23日
购买地点: 太原古玩城商铺
成交价格: 800.00元

478.豇豆红釉印盒
晚清光绪（公元1875-1908年）
高: 6.5厘米
口径: 7厘米
足径: 4.5厘米
购买时间: 2004年11月7日
购买地点: 北京潘家园地摊
成交价格: 700.00元

479.粉彩芭蕉美女纹水丞
清同治（公元1862-1874年）
高: 2厘米
口径: 3厘米
足径: 3.5厘米
购买时间: 2013年3月27日
购买地点: 上海多宝楼商铺
成交价格: 1200.00元

480.粉彩狮纹水丞
晚清光绪（公元1875-1908年）
高: 3.5厘米
口径: 2.6厘米
足径: 4.5厘米
购买时间: 2001年12月22日
购买地点: 南通文物商店
成交价格: 150.00元

481.吹绿釉水丞
晚清道光（公元1840-1850年）
高: 2.5厘米
口径: 3.5厘米
足径: 2厘米
购买时间: 2006年11月23日
购买地点: 北京古玩城商铺
成交价格: 700.00元

482.吹绿釉水丞
晚清道光（公元1840-1850年）
高: 4厘米
口径: 2厘米
足径: 6厘米
购买时间: 2006年11月23日
购买地点: 北京古玩城商铺
成交价格: 420.00元

[陶瓷考辨] 你应该相信真实信息的结论

目前在古玩收藏界，大部分人还得依赖于行业学者、专家运用专业知识或者借助仪器来鉴定真假。但是这个市场由于逐利，存有不健康的成分。有的收藏品，你相信"眼光"的，他们可以拿给你专业鉴定证书；你相信仪器的，他们可以拿给你测试报告。我们熟悉的一些朋友，比较相信仪器的测定结论，但有时候我们也会遇到或听他们谈起感到十分困惑的事情，在我们看来是很"开门"没有争议的东西，结果仪器测试下来是假的；也有的是特定年代的典型器，但测试下来是其他时期的东西。所以是应该相信眼力还是应该相信仪器，观点上有很大争论。仪器这个东西，它的检测效果究竟怎么样，我们不熟悉。但是我们敢肯定的是，陶瓷器上所反映的全部非语言符号，会有自然存在状态的真实符号；也会有人为留下的作伪符号，一经掌握了这些符号的真实意义，不论是仪器还是眼力，所做的结论都应该是正确的。

483.粉彩锦上添花纹水丞
晚清（公元1840-1911年）
高：5.2厘米
口径：1.8厘米
足径：2厘米
购买时间：2005年7月24日
购买地点：长春国贸古玩商铺
成交价格：800.00元（两只）

484.豇豆红釉钵式洗
晚清光绪（公元1875-1908年）
高：3厘米
口径：8厘米
足径：4.5厘米
购买时间：2007年4月15日
购买地点：上海云洲古玩城商铺
成交价格：50.00元

485.孔雀蓝釉方型水丞
晚清同治（公元1862-1874年）
高：7厘米
足径：7×7厘米
购买时间：2004年5月12日
购买地点：北京琉璃厂商铺
成交价格：600.00元

486.珊瑚红描金盆式洗
晚清同治（公元1862-1874年）
高：3.5厘米
口径：8厘米
足径：6厘米
购买时间：2009年7月2日
购买地点：上海多宝楼商铺
成交价格：600.00元

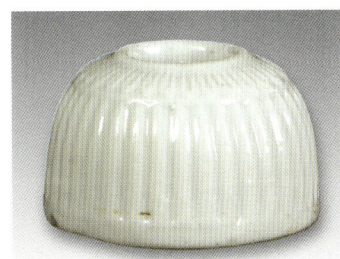

487.白釉模印棱纹水丞
晚清（公元1862-1911年）
高：3厘米
口径：2厘米
足径：4.5厘米
购买时间：2007年4月22日
购买地点：上海藏宝楼地摊
成交价格：260.00元

488.青花双鱼纹水洗
晚清（公元1862-1911年）
高：3厘米
口径：8.5厘米
足径：6.5厘米
购买时间：2009年4月29日
购买地点：江苏兴化板桥故居商铺
成交价格：280.00元

实样览要

·晚清文具的色釉品种

综观我们汇总的器物，可以发现晚清民国时期的瓷器，总体感觉是一个花花绿绿的世界。嘉庆以后全国的瓷业生产衰弱，由于颜色釉材料成本高，所制工艺复杂，所以清早期创烧各类颜色釉品种不仅减少，而且许多失传，少有精品问世。

553.景德镇佛青

541.德化豆青

550.石湾窑酱釉

548.石湾窑孔雀蓝釉

489.粉彩山水纹笔筒（张义泰画：适合纹样展示）
清宣统元年（公元1909年）
高：11.5厘米
口径：14厘米
底径：14厘米
购买时间：2004年12月6日
购买地点：黄山市古玩地摊
成交价格：600.00元

490.墨彩狮纹笔筒（方家珍作：适合纹样展示）
晚清光绪（农历癸卯·公元1903年）
高：13厘米
口径：11.2厘米
足径：11.8厘米
购买时间：2002年8月10日
购买地点：上海藏宝楼地摊
成交价格：600.00元

[淘瓷考辨] "绣球"与"火焰纹"

瓷器图案上的狮子纹饰，是典型的中西文化的融合。与西方偏重狮子威武的写实艺术风格不同，中国的狮子作为佛的俘获物，更糅合了狮子的吉祥、喜庆的元素，在艺术上突出了憨态可掬，天真可爱的情趣。清末以后，有的纹饰更写意，更抽象了，只见狮腾，不见了舞绣球的"绣球"，用火焰纹来替代。所以，纹饰上的"火焰纹"，应该视为是"绣球"的写意和延伸，也是中国佛文化的体现。

491.粉彩人物纹笔筒（适合纹样展示）
晚清（公元1840-1911年）
高: 9.2厘米
口径: 7厘米
足径: 6.8厘米
购买时间: 2001年1月13日
购买地点: 上海藏宝楼地摊
成交价格: 350.00元

题字:（乙未年季夏月写
于昌江客次文卿作）

492.粉彩花鸟纹笔筒
晚清光绪（农历乙未·公元1895年）
高: 17厘米
口径: 17.7厘米
底径: 17.5厘米
购买时间: 2000年6月4日
购买地点: 无锡古玩商铺
成交价格: 280.00元

493.浅绛彩人物诗文博古纹长方型笔筒（方家珍）
晚清同治（公元1862-1874年）
高: 27.5厘米
口径: 10厘米
底径: 10厘米
购买时间: 2004年12月23日
购买地点: 瑞典斯德哥尔摩古玩店
成交价格: 2000.00元 （两只）

494.白釉地红彩山水人物纹笔筒
晚清同治（公元1862-1874年）
高: 9.9厘米
口径: 6.8厘米
底径: 6.8厘米
购买时间: 2004年8月10日
购买地点: 上海多伦路文物商店
成交价格: 180.00元

实样览要

·狮纹与舞绣球

狮子纹饰是喜庆的纹饰。此纹饰始于宋元，明代有所继承和发扬，清代末期以后有了更加丰富的发展。除了谐音仕途顺利，事事如意等吉利和喜庆外，其本意还有"护法辟邪"的寓意，这是中国狮子表现艺术的本质内容。

385.康熙青花

480.光绪粉彩

490.光绪墨彩

597民国紫砂

495.人物纹笔筒
晚清同治（公元1862-1874年）
高: 12厘米
口径: 7.5厘米
足径: 7.5厘米
购买时间: 2003年8月17日
购买地点: 南京朝天宫商铺
成交价格: 80.00元

496.描金人物纹香插
晚清光绪（公元1875-1908年）
高: 12.2厘米
口径: 3.4厘米
足径: 3.4厘米
购买时间: 2003年4月12日
购买地点: 北京报国寺地摊
成交价格: 150.00元

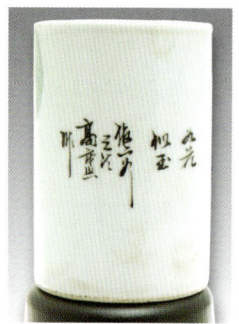

497.三娘教子纹笔筒（适合纹样展示）
晚清同治（公元1862-1874年）
高: 11.5厘米
口径: 7.2厘米
足径: 7.3厘米
购买时间: 1998年4月21日
购买地点: 温州工艺品市场商铺
成交价格: 80.00元

[陶瓷考辨] 彩绘技法的丰富与发展

有一位中医朋友，业余时间也喜欢收藏，我们接触时间长了，他就能说出我们身体上有这样的或那样的毛病，都说准了。他问我们怎样看瓷器，我们告诉他，鉴定瓷器和你看病是同样的方法，就是综合施诊。你凭望诊，说出这个人有这样或那样的毛病，是因为你综合了有这样或那样毛病的人的表象，你看出这个人也存在这样的表象得出了相同的结论。看瓷器也是这样，当你熟悉了彩料、绘画风格、不同图案的时代特征以后，在鉴定时无需过手，就可以准确判断出它是什么年代的产品。而这种时代性不仅仅是彩绘，在"塑、刻、印"、"色釉"古陶瓷上都有体现，只是彩绘的时代性更易于识别而已，这也给我们提供了一种鉴定的方法。彩绘的绘图技法是从粗略向精致发展，其材料是从单一向丰富发展。

498.开光仕女纹诗文笔筒（交心田）
晚清同治（公元1862-1874年）
高: 12厘米
口径: 7厘米
足径: 7厘米
购买时间: 2004年3月23日
购买地点: 瑞典斯德哥尔摩古玩店
成交价格: 700.00元

499.人物纹六角型水丞
晚清同治（公元1862-1874年）
高: 6.3厘米
底径: 7.5×7.5厘米
购买时间: 2008年10月20日
购买地点: 上海藏宝楼地摊
成交价格: 300.00元

500.人物纹撇口瓶
晚清同治（公元1862-1874年）
高: 10.4厘米
口径: 3.6厘米
底径: 3.9厘米
购买时间: 2003年3月23日
购买地点: 苏州文庙古玩地摊
成交价格: 80.00元

501.描金人物纹方型笔筒
晚清光绪（公元1875-1908年）
高: 10.5厘米
足径: 5.7×5.7厘米
购买时间: 2002年10月12日
购买地点: 上海藏宝楼地摊
成交价格: 600.00元

实样览要

· 清代新创的彩釉品种

欣赏釉上彩绘有两点要注意，一是它往往是一幅完整的平面图案在器物上的再现，如果只看局部就很难体会到作品的精妙之处，所以要看全貌；二是釉上彩有微凸和光泽的特征，画面会产生质感，其欣赏效果要超过同类纸画。

531.墨彩　　　　532.粉彩　　　　582.金彩　　　　565.浅绛彩

502.仿哥釉青花人物纹水丞
晚清道光（公元1840—1850年）
高：4.7厘米
口径：2.1厘米
足径：3.2厘米
购买时间：2002年9月6日
购买地点：南通文物商店
成交价格：180.00元

503.煨瓷山水人物纹水丞
晚清光绪（公元1875—1908年）
高：6厘米
口径：3厘米
足径：3.5厘米
购买时间：2004年2月17日
购买地点：北京潘家园商铺
成交价格：500.00元

[陶瓷考辨] "来样定制"的特色服务

晚清以后，由于市场经济的发展，在瓷业方面也形成了一种产业，用现在的话说，叫"来样定制"。民间遇亲友婚嫁、祝寿、乔迁之喜、少爷出生等喜事，道贺者可以到店铺专门定制绘有特定吉祥，喜庆，康乐图案花纹的瓷器以示祝贺，有的还要标上"清三代"的年号，以示其高雅，尊贵。这与现在的制假售假是两回事。

504.花鸟纹水丞
晚清光绪（公元1875–1908年）
高: 7.5厘米
口径: 6.2厘米
足径: 6厘米
购买时间: 2012年7月14日
购买地点: 上海藏宝楼地摊
成交价格: 1000.00元

505.山水人物纹水丞
晚清光绪（公元1875–1908年）
高: 5.5厘米
口径: 2厘米
足径: 3厘米
购买时间: 2000年1月7日
购买地点: 北京潘家园商铺
成交价格: 380.00元

506.煨瓷人物纹水丞
晚清光绪（公元1875–1908年）
高: 5厘米
口径: 2.5厘米
足径: 3.5厘米
购买时间: 2006年4月29日
购买地点: 北京潘家园商铺
成交价格: 900.00元

507.煨瓷人物纹水丞
晚清光绪（公元1875–1908年）
高: 3.9厘米
口径: 1.8厘米
足径: 4.7厘米
购买时间: 2000年11月5日
购买地点: 上海藏宝楼地摊
成交价格: 70.00元

508.山水纹水丞
晚清光绪（公元1875–1908年）
高: 4厘米
口径: 1.8厘米
足径: 5.4厘米
购买时间: 2000年11月5日
购买地点: 上海藏宝楼地摊
成交价格: 80.00元

509.煨瓷菊花纹水丞
晚清光绪（公元1875–1908年）
高: 5厘米
口径: 3厘米
足径: 9厘米
购买时间: 2009年10月12日
购买地点: 太原古玩城商铺
成交价格: 1200.00元

实样览要

·兴盛与衰退期的青花对照

社会动荡经济委靡则瓷业也会随之衰弱。鸦片战争以后景德镇瓷业衰退，特别是清末民国青花瓷的造型笨拙，工艺粗糙，修胎不精甚至有的图案乱涂乱画，这在视觉、手感上都会有所感觉。

395.康熙花蝶　　514.同治缠枝莲　　389.康熙花鸟　　505.光绪山水

510.山水人物纹花觚
晚清光绪（公元1875-1908年）
高：19厘米
口径：9厘米
足径：6.5厘米
购买时间：2008年6月22日
购买地点：北京古玩城商铺
成交价格：6000.00元

[淘瓷考辨] 纹饰的"取悦于人"是晚清以后最明显的商品特征

晚清青花总体上器型笨拙，不如前朝轻薄灵巧，选题单调呈色也不鲜艳。由于当时"花花绿绿"的彩瓷在市场上占据主流，故日用青花瓷在制作方面，也很需要凸显商品"取悦于人"的商品属性，通过玲珑雕刻、轧道或与彩绘等综合技术装饰，也产生了一些深受市场喜爱的日用细瓷。

511.玲珑瓷山水纹盘杯
晚清光绪（公元1875-1908年）
杯高：6.5厘米　盘高：2.8厘米
口径：9.5厘米　口径：14.3厘米
足径：4.3厘米　足径：7.6厘米
购买时间：2011年9月10日
购买地点：上海藏宝楼地摊
成交价格：4500.00元（十套）

512.花卉纹套罐
晚清同治（公元1862-1874年）
高：27厘米
口径：12厘米
底径：10厘米
购买时间：2009年4月30日
购买地点：瑞典斯德哥尔摩古玩店
成交价格：5000.00元

513.青花矾红云龙纹碟
晚清道光（公元1840-1850年）
高：3厘米
口径：9厘米
足径：5厘米
购买时间：2007年5月19日
购买地点：北京古玩城商铺
成交价格：1800.00元（六只）

514.缠枝莲纹盘
晚清同治（公元1862-1874年）
高：3.5厘米
口径：15厘米
底径：8.5厘米
购买时间：2008年10月18日
购买地点：北京外销瓷展销会
成交价格：9000.00元

实样览要

·晚清青花装饰综合技术的运用

晚清民国青花的纹饰选题，也趋于简单化，主要以山水、花卉纹饰居多。

511.玲珑青花

609.粉彩青花

557.煨瓷青花

590.青花文字

515.墨彩矾红篆文花口碗
晚清同治（公元1862-1874年）
高：8厘米
口径：17厘米
底径：6.5厘米
购买时间：2007年12月3日
购买地点：瑞典斯德哥尔摩古玩店
成交价格：1200.00元

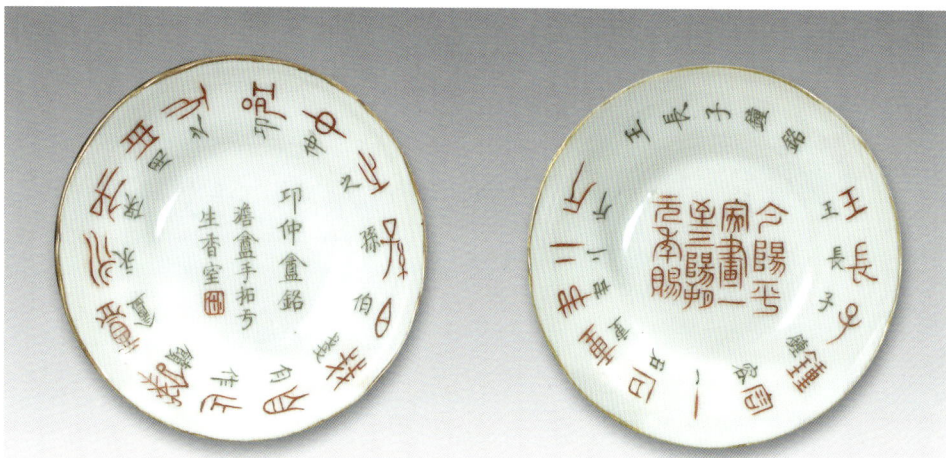

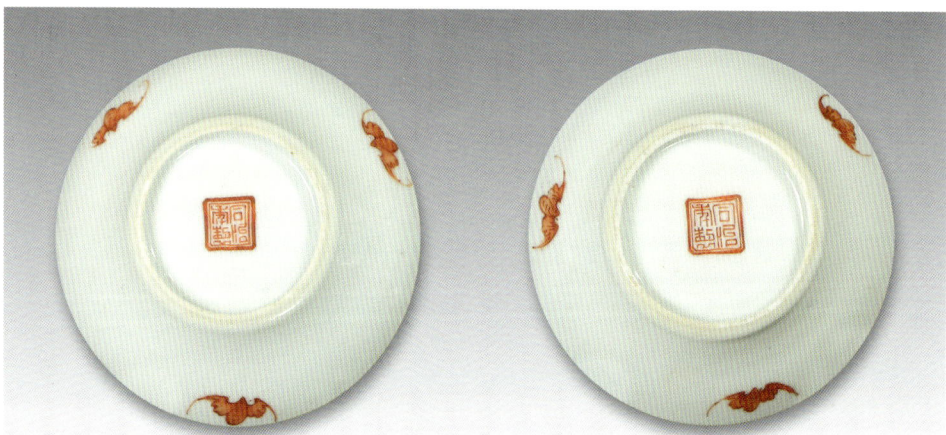

516.红彩篆文花口碗
晚清同治（公元1862-1874年）
高：2厘米
口径：9厘米
底径：4.5厘米
购买时间：2004年3月23日
购买地点：瑞典斯德哥尔摩古玩店
成交价格：800.00元（两只）

[淘瓷考辨] 晚清更突出彩绘的精美

陶瓷装饰的核心是"造型"，任何其他的装饰都是围绕"型体"而展开的。这些装饰包括四类，型的修饰；塑刻装饰；颜色釉饰和彩绘装饰。欣赏一件瓷器其美不美，核心是它的造型，其他的都应该是围绕造型展开的。现在市场上流通的近代瓷器中有品种很丰富的色地釉彩绘品种，尽管都是日用瓷器，但它却很典型地反映出晚清民国时期陶瓷装饰审美的特点，也反映出当时瓷艺风格和烧造水平。

517.黄釉地粉彩花卉纹盖碗
晚清道光（公元1840－1850年）
高：6厘米
口径：6.5厘米
底径：2.5厘米
购买时间：2007年8月21日
购买地点：北京古玩城商铺
成交价格：430.00元

518.蓝釉白花云龙纹碗
晚清道光（公元1840－1850年）
高：5厘米
口径：11厘米
足径：4厘米
购买时间：2007年3月22日
购买地点：北京古玩城商铺
成交价格：2000.00元（两只）

519.黄釉地五彩花鸟纹碗
晚清道光（公元1840－1850年）
高：6.5厘米
口径：14厘米
底径：6.5厘米
购买时间：2005年5月2日
购买地点：瑞典斯德哥尔摩古玩店
成交价格：4000.00元（两只）

520.藕荷色釉地粉彩竹纹撇口碗
晚清道光（公元1840－1850年）
高：4.5厘米
口径：10.5厘米
足径：5厘米
购买时间：2005年4月22日
购买地点：北京古玩城商铺
成交价格：300.00元

实样览要

·日用彩瓷更显"取悦于人"的审美取向和商品属性

晚清民国商品流通发达，中外市场瓷器的流通量很大，而商品更需要华丽的形式吸引顾客，当时的日用瓷精细的彩绘更凸显了"取悦于人"的商品属性。

468.碗

532.盘

529.碟

467.杯

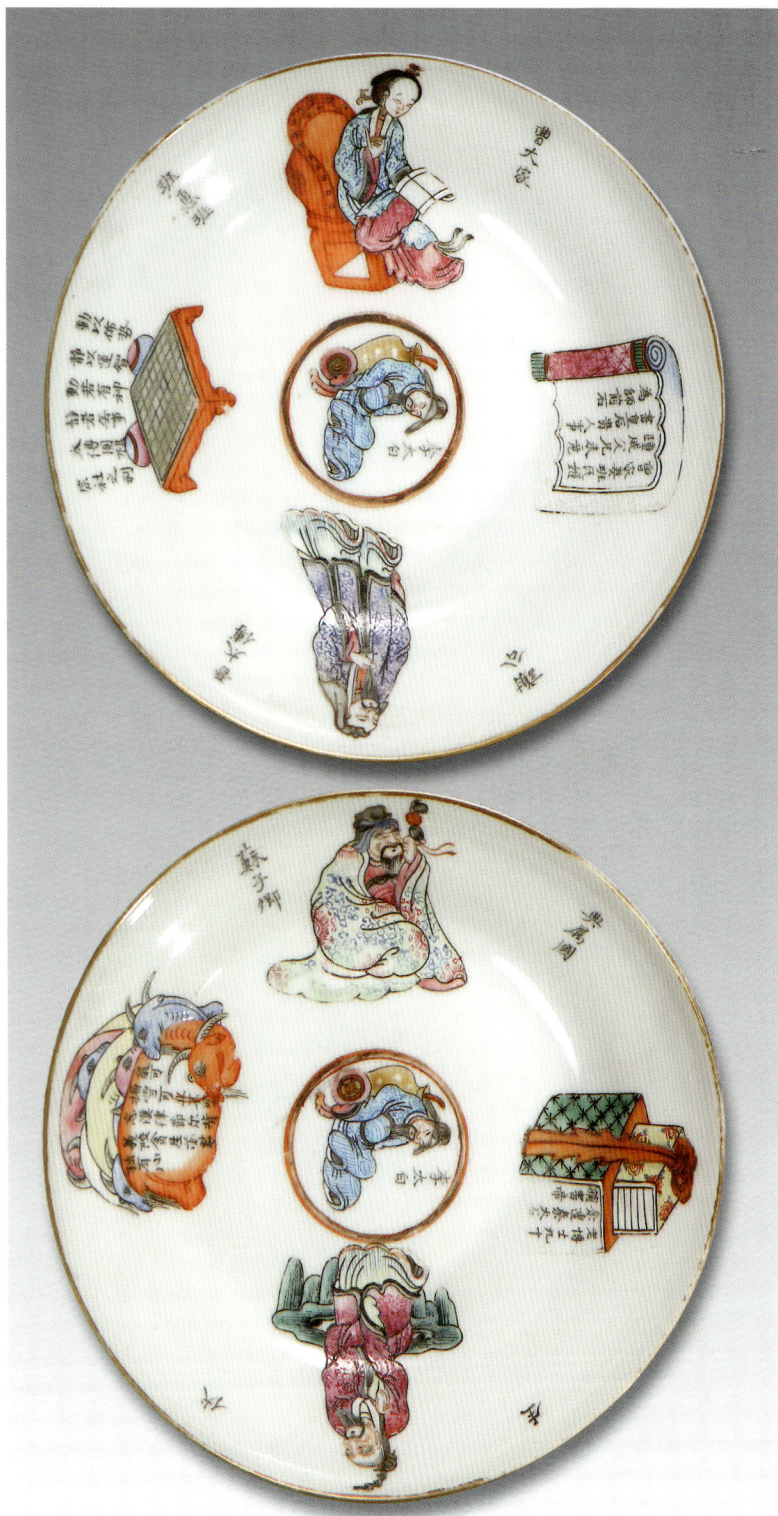

521.人物纹碟
晚清同治（公元1862–1875年）
高：3厘米
口径：14.5厘米
底径：7.5厘米
购买时间：2010年4月12日
购买地点：上海藏宝楼商铺
成交价格：2800.00元（两只）

[淘瓷考辨] 粉彩所绘的绮罗画选题特色

　　晚清民国的粉彩人物画在瓷器欣赏方面最亮丽最能够吸引人们眼球的是绮罗画，目前古玩市场上多见的"仕女"图案，也被称之为"绮罗人物画"的。粉彩仕女图能够更好地工笔重彩而又细腻地表现古、近代社会的青楼女子、世俗平民、戏剧小说、传奇故事、宫廷贵妇中为题材的各类女性的衣着华丽的生活形象，使瓷艺上真正出现了唐代以后，绘画艺术上的绮罗人物画。

523.福禄寿纹盖罐
晚清同治（公元1862－1875年）
高: 11.8厘米
口径: 3.4厘米
底径: 8厘米
购买时间: 2005年11月26日
购买地点: 海口古玩商铺
成交价格: 280.00元

522.人物纹碟
晚清同治（公元1862－1875年）
高: 3厘米
口径: 13厘米
底径: 7厘米
购买时间: 2004年3月23日
购买地点: 瑞典斯德哥尔摩古玩店
成交价格: 280.00元

524.八仙人物纹八角碟
晚清同治（公元1862－1875年）
高: 2.5厘米
口径: 14厘米
底径: 8厘米
购买时间: 2004年3月23日
购买地点: 瑞典斯德哥尔摩古玩店
成交价格: 300.00元

525.和合二仙人物纹盖碗
晚清同治（公元1862－1875年）
高: 6厘米
口径: 9.8厘米
足径: 3.5厘米
购买时间: 2011年8月20日
购买地点: 上海藏宝楼地摊
成交价格: 1050.00元（四只）

四编
近代晚清（1840）至民国时期

实样览要

·同治粉彩的绮罗人物画

同治时期 粉彩仕女题材，画面疏朗，明丽中有诗意，淡雅中见温情。在绘画技法上，得清末仕女画名家改琦之精髓，画面优雅恬静。

498

475

521

522

526.人物纹捧盒
晚清光绪 (公元1875-1908年)
高: 24厘米
口径: 32厘米
足径: 20厘米
购买时间: 2005年8月4日
购买地点: 瑞典斯德哥尔摩古玩店
成交价格: 2800.00元

[陶瓷考辨] 切不可仅靠书本来断真

现在瓷器收藏爱好者，其知识的主要来源还是依靠书本。通过阅读，学习前人的经验，比较快地掌握系统的知识，这是对的。但是收藏是一门实践的学问，至少是一门实践性很强的学问。我们的体会是，书本知识有助于断代，例如这件藏品是宋代的还是明代的，是康熙时期的还是乾隆时期的釉色、器型等等，这些都可以用文字描绘的，但万万不可用来断真伪。目前市场有99.9%以上是仿品，特别是还充斥了大量高仿精品，爱好者如果没有丰富的实践经验，仅依靠书本的文字介绍或对照图片来断真伪，这用在藏品鉴定上，是一种十分错误的方法。特别是学历较高书看得较多的人，如缺少对非语言符号特征的研究，则更容易上当受骗。现在的高仿品，已达到乱真的程度，就是专家也时常走眼。收藏爱好者仅靠书本知识来断真伪，这可能吗？所以，收藏爱好者应该要很现实地认识到这一点，贩假的商人比收藏者更聪明，更会利用这一点，看准你是"书呆子"，利用你捡漏的心理，欺你东西看得少，很有针对性地设局，让你"坏分"。

528.蜂蝶花卉纹敞口碗
晚清咸丰（公元1851-1861年）
高: 4.5厘米
口径: 11厘米
足径: 6厘米
购买时间: 2005年4月22日
购买地点: 北京古玩城商铺
成交价格: 300.00元

527.过枝梅花诗纹碗
晚清光绪（农历壬辰·公元1892年）
高: 9.5厘米
口径: 22.5厘米
足径: 10厘米
购买时间: 2007年9月12日
购买地点: 北京古玩城商铺
成交价格: 4000.00元

529.团龙纹葵口碟
晚清（公元1840-1911年）
高: 2厘米
口径: 6.5厘米
足径: 4厘米
购买时间: 2001年4月20日
购买地点: 西安朱雀门古玩商铺
成交价格: 200.00元（两只）

530.花鸟纹盖罐
晚清光绪（公元1875-1908年）
高: 15厘米
口径: 16.5厘米
足径: 12厘米
购买时间: 2003年9月22日
购买地点: 北京潘家园商铺
成交价格: 3200.00元

实样览要

·气味识别

气味识别是鉴定辨识的重要方法，从科学的角度而言，每一件的陶瓷器气味都是不一样的。嗅觉一般可识别出土器的土腥味、海捞器的咸腥味，作旧时用的药水味，以及传世瓷器留存的使用气味，或应该有留存的特殊气味却无味。方法：是用少许清水涂抹，嗅出可识别的气味。

3.弦纹硬陶　　　　　15.原始瓷　　　　　155.海捞青瓷　　　　　587.传世紫砂砚

531.绿釉地墨彩龙纹太白坛
晚清光绪（公元1875-1908年）
高: 18.5厘米
口径: 7厘米
足径: 9厘米
购买时间: 2007年7月23日
购买地点: 瑞典斯德哥尔摩古玩店
成交价格: 6000.00元

532.描金万寿无疆纹碟
晚清光绪（公元1875-1908年）
高: 2厘米
口径: 11.5厘米
足径: 7厘米
购买时间: 2010年9月22日
购买地点: 北京天雅古玩城商铺
成交价格: 3000.00元（两只）

[陶瓷考辨] 制作工艺是非语言符号的重要内容

陶瓷生产的每一道制作都涉及工艺，而古代工艺到现代工艺是一个传承发展的关系。例如：拉坯成型是制作陶瓷的主要方法。拉坯是利用轮盘旋转时所产生的惯性力量将泥料一次性提拉成型。这需要相当熟练的技巧，即双手在轮盘的旋转过程中，通过加力均匀地将置于轮盘上的泥料提拉成所需要的器型。这种制陶方法的起源，要追溯到新石器时代的大汶口文化的晚期，大约已经有4500年历史了。古代专业拉坯工的技艺，是长期积累并代代相传的，其得之于心，应之于手的精湛工艺内涵，是现在的手工艺无法模仿到位和替代的。所以，拉坯技巧娴熟与否？是拉坯还是现代注浆的成型工艺，是非语言符号很重要的识别内容。

533.青花红彩寿纹花卉碗
晚清道光（公元1840-1850年）
高：7.5厘米
口径：7厘米
足径：5厘米
购买时间：2007年5月1日
购买地点：瑞典斯德哥尔摩古玩店
成交价格：2000.00元（两只）

534.百花图碗
晚清光绪（公元1875-1908年）
高：6.5厘米
口径：16厘米
足径：5.5厘米
购买时间：2006年11月23日
购买地点：北京古玩城商铺
成交价格：2200.00元（两只）

535.红彩寿字罐
晚清道光（公元1840-1850年）
高：7.5厘米
口径：5.5厘米
底径：6厘米
购买时间：2007年2月17日
购买地点：苏州文庙商铺
购买价格：3200.00元

536.瓜皮绿釉棱纹盖碗
晚清同治（公元1862-1874年）
高：8厘米
口径：10厘米
底径：4厘米
购买时间：2010年3月21日
购买地点：北京天雅古玩城商铺
成交价格：400.00元

实样览要

·晚清商品"吸引眼球"属性的艳丽彩绘

晚清以后瓷器器表的彩绘装饰，有两方面特征比较明显，一是吸收了欧美的绘画艺术的特点；二是产品更强调市场属性。色地彩装饰器表仍然延续前朝，没有创新，尤其是咸丰、同治两朝更少。彩绘瓷更显出绚彩华丽、金碧辉煌。虽彩釉重艳但纹饰趋俗。

518.云龙

493.博古纹

526.人物

534.百花

537.景德镇绿釉济公瓷塑像（蔡福记款）
晚清（公元1840-1911年）
高：19.5厘米
购买时间：2013年5月26日
购买地点：南京高淳老街商铺
成交价格：100.00元

538.景德镇豆青釉八卦印纹琮式瓶
晚清光绪（公元1875-1908年）
高：14厘米
口径：4厘米
足径：5.5厘米
购买时间：2009年8月17日
购买地点：北京古玩城商铺
成交价格：4000.00元

[陶瓷考辨] 颜色釉瓷的工艺价值

颜色釉瓷是最能够反映陶瓷"土与火"艺术最本质的特征品种，这也就引起了对陶瓷应该收藏些什么品种的争论。对陶瓷器的欣赏，瓷器收藏界有句话，叫唐宋瓷器看釉色，近代（1840-1949）瓷器看纹饰。有的人认为陶瓷艺术是"土与火"的艺术，近代瓷器主要体现了彩绘与雕塑的精致，而忽视了其产品最本质的"土与火"艺术特征，这与唐宋时期十分强调的胎土、釉色、造型工艺相比，是一种倒退。他们（当然是很少部分人）认为，近代瓷器是对"土与火"艺术的否定，甚至是一种亵渎。目前市场上，近代瓷器价位很高，升值也很快，主要是这类瓷器在日常生活中接触的人比较多，大家都比较熟悉、了解。识的人多，买主多，价格也就上去了。有的专家对这种现象极为不满，认为这违背了陶瓷器收藏的本质，当然这种观点有很大的偏颇。近代彩瓷也有一些"细路子"品种，由于对中国古代色釉瓷不熟悉，收藏时偏重于自己熟悉、了解的近代彩绘瓷，避免买假，这也是一种合理的选择，但整体收藏价值，近代彩绘瓷与古代色釉瓷器相比，还是不能相提并论。

539.景德镇仿郎窑绿花觚
晚清（公元1840-1911年）
高: 12.4厘米
口径: 8.5厘米
足径: 4.7厘米
购买时间: 2012年元旦
购买地点: 上海天山茶城古玩商铺
成交价格: 3000.00元

540.景德镇瓜皮绿釉撇口观音瓶
晚清（公元1840-1911年）
高: 12.5厘米
口径: 3.2厘米
足径: 4.3厘米
购买时间: 2000年7月23日
购买地点: 南通文庙地摊
成交价格: 120.00元

541.德化窑豆青釉六角型竹节笔海
晚清同治（公元1862-1874年）
高: 28.2厘米
口径: 21.7厘米
足径: 16厘米
购买时间: 2002年8月4日
购买地点: 福州古玩商铺
成交价格: 800.00元

542.德化窑青釉八角型竹节炉
晚清同治（公元1862-1874年）
高: 8.9厘米
口径: 11.2厘米
足径: 7厘米
购买时间: 2011年12月18日
购买地点: 上海中福古玩城商铺
成交价格: 800.00元（两只）

实样览要

·便宜没好货，好货不便宜。一代不如一代的晚清色釉瓷

传统的青釉在景德镇始于唐代，其中宋代在历史上极有影响，元、明、清三代景德镇青釉品种有影青、粉青、豆青、龙泉釉、冬青、苹果青、鸭蛋青等，传世佳品亦很多，但是晚清朝廷腐败，瓷业艰难，色釉工艺也日渐哀弱。

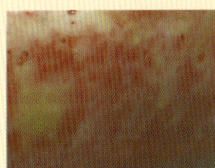
478.豇豆红

482.吹绿釉

487.白釉

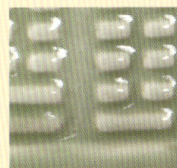
538.豆青釉

543.景德镇黄釉地塑刻山水纹水丞（王炳荣制）
晚清同治（公元1862－1874年）
高：7.5厘米
口径：6厘米
足径：7.5厘米
购买时间：2006年10月2日
购买地点：北京潘家园地摊
成交价格：2800.00元

544.景德镇山水人物纹葫芦瓶
晚清光绪（公元1875－1908年）
高：9厘米
口径：1.6厘米
底径：2.7厘米
购买时间：2006年10月29日
购买地点：合肥花冲公园地摊
成交价格：1800.00元（两只）

[淘瓷考辨] 中国瓷器被世人重视的原因

中国瓷器被世人重视的很重要的原因，是中国瓷器在手工传统工艺技术上有其独有的特色，中国历代的陶瓷匠师，通过对材料的感性认识，结合传统文化、审美情趣和实用的商业价值，在制作陶制瓷中创造出丰富多彩的产品，不但形成了系统的工艺技术，而且还充分展示了工匠们匠心独运的创造性思维，这种不断求新的精神在世界瓷艺历史上是独有的，而且延绵不断传承至今。

545.醴陵窑釉下五彩猴纹瓷雕笔筒
晚清（公元1840-1911年）
高: 11.5厘米
足径: 11.5×6.2厘米
购买时间: 2002年8月3日
购买地点: 长沙古玩商铺
成交价格: 200.00元

546.景德镇
黄釉地三彩山水纹塑刻笔筒
晚清（公元1840-1911年）
高: 10.2厘米
口径: 6.2厘米
足径: 6.2厘米
购买时间: 2000年2月6日
购买地点: 温州古玩地摊
成交价格: 170.00元

547.景德镇仿哥釉梅纹贴塑笔筒
晚清（公元1840-1911年）
高: 10.4厘米   9.9厘米
口径: 6.5厘米   6.5厘米
足径: 6厘米   6.2厘米
购买时间: 2001年5月27日
购买地点: 上海藏宝楼地摊
成交价格: 120.00元（两只）

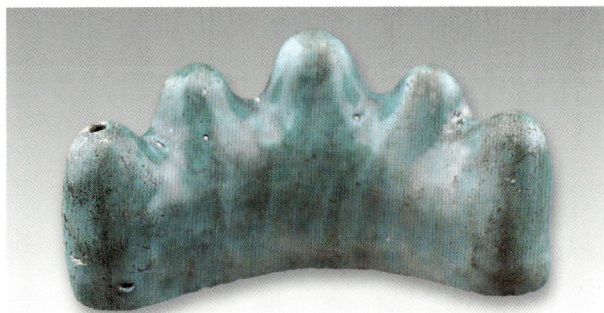

548.石湾窑孔雀蓝釉山形笔架
晚清（公元1840-1911年）
高: 4.5厘米
底径: 长×宽: 9×2.5厘米
购买时间: 2003年10月25日
购买地点: 广州文昌南路地摊
成交价格: 80.00元

549.景德镇青花山水纹笔架
晚清（公元1862-1911年）
高: 2.6厘米
底径: 7.8×1.8厘米
购买时间: 2002年2月10日
购买地点: 扬州天宁寺地摊
成交价格: 40.00元

550.石湾窑酱釉猴鸟纹瓷雕笔插架
晚清（公元1840-1911年）
高: 9.9厘米
底径: 9.7×4.5厘米
购买时间: 2004年1月25日
购买地点: 青岛古玩地摊
成交价格: 80.00元

清末民初红彩描金象棋纹鼻烟壶

清末民初红彩描金金鸡报晓纹鼻烟壶

清末民初青花樵夫耕作纹鼻烟壶

559.清晚期鼻烟壶（公元1862-1911年）
购买时间：1999年10月—2004年6月
购买地点：北欧古玩商铺
成交价格：3500.00元（六只）

清末民初粉彩十八罗汉瓷塑鼻烟壶

[陶瓷考辨] 市场趋于成熟与理性

古玩收藏热在改革开放后，已持续了相当长的时间，所以有经验的收藏爱好者都具有"三历"。哪"三历"呢？一是学历。过去讲收藏鉴定的书籍很少，收藏爱好者要汲取这方面的知识，主是靠专业人员的传授。现在不一样了，各类讲收藏的书籍，出版了有几千种以上，从书本中去汲取这方面的知识尤为方便；二是阅历。对藏品的真假鉴定，由于书籍上语言表述得很抽象，不容易理解，掌握不好会有误解并误导的情况。而恰恰市场交易活跃以后，大家看的东西就多，看的东西多就方便和书本上的描述和图片去做比较，这在认识上会有很大帮助。三是游历。收藏品有它很强的地域特征。现在节假日外出旅游是一件很平常的事情，所以搞收藏的人，有机会在所到之地，去古玩市场和博物馆去看一看很重要。正是由于这几点，使得市场参与者鉴定知识的普遍提高，收藏市场的发展逐步趋于成熟与理性，这是一个很可喜的现象。

清末民初粉彩春宫图鼻烟壶

清末民初红彩钟馗捉鬼纹鼻烟壶

560.人物纹六角型鼻烟壶
晚清同治（公元1862-1874年）
高: 6.5厘米
口径: 1.3厘米
足径: 2.2厘米
购买时间: 2006年9月17日
购买地点: 上海藏宝楼地摊
成交价格: 60.00元

附: 清康熙青花鼻烟壶对比图

561.青花人物纹鼻烟壶
清康熙（公元1662-1722年）
高: 8.9厘米
口径: 2厘米
足径: 2.9厘米
购买时间: 2006年7月15日
购买地点: 上海藏宝楼地摊
成交价格: 100.00元

实样览要

·清代的堆贴装饰

清代景德镇陶瓷雕塑体现了附属于器型的表现风格，更注重陶瓷的观赏性，追求技术完美和工艺精巧的雕琢。

329.寿

312.狮首

319.松鼠葡萄

457.铁锈梅花

562.人物纹笔筒
民国（公元1911–1949年）
高：16厘米
口径：19.5厘米
底径：19.5厘米
购买时间：2010年9月22日
购买地点：上海藏宝楼商铺
成交价格：3200.00元

563.花鸟纹长方型水洗（汪友棠作）
晚清光绪（农历庚寅·公元1890年）
高：6.9厘米
底径：9.2×6.4厘米
购买时间：2003年5月10日
购买地点：扬州天宁寺地摊
成交价格：320.00元

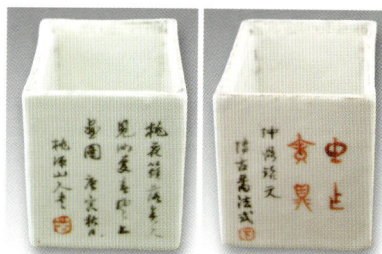

[淘瓷考辨] 瓷饰上的书画题字

晚清以后釉材丰富，瓷饰上出现有了许多文人书画作品，这也是瓷器器表装饰的一个新的品种。一些文人他们亲手制作或受人委托制作一些瓷器，用来馈赠亲友。这些文人雅士、社会贤达的赠品往往在题跋上写有"嘱书"、"嘱题"、"雅正"、"指正"，在器物铭文上写有某某"珍藏"、"雅玩"、"清玩"等等。归纳起来，主要还是通过这种形式表示对长辈的尊敬、对晚辈的励志和亲朋之间赞颂友谊，用纹饰表示吉祥或用书写吉语、颂语、寄语等内容来表达自己美好的感情。这之间，如果是馈赠自己创造的作品，其情感意义就不一样，如果是当时的名人以及两个或几个人的共同的作品，文化含量就更高。

564.山水人物纹壁挂式插瓶
晚清至民国（公元1862-1949年）
长×宽：21.6×19.3厘米
厚：3.4厘米
购买时间：2003年4月6日
购买地点：合肥花冲公园地摊
成交价格：450.00元

565.浅绛彩人物纹壮罐
晚清光绪（农历乙巳·公元1905年）
高：22.7厘米
口径：11.3厘米
足径：8厘米
购买时间：2002年10月5日
购买地点：上海藏宝楼地摊
成交价格：350.00元

题字：读书声里是吾家
乙巳夏月永兴民作（官窑内造）款

566.山水纹水丞
民国（公元1911-1949年）
高：6.2厘米
底径：6.9×6.9厘米
购买时间：2000年1月2日
购买地点：南通文庙地摊
成交价格：160.00元

567.山水纹方型调色缸（余焕文作）
晚清光绪（公元1875-1908年）
高：5.3厘米
口径：10厘米
足径：8.7厘米
购买时间：2004年3月20日
购买地点：上海藏宝楼地摊
成交价格：160.00元

568.山水纹撇口瓶
民国（公元1911-1949年）
高：9厘米
口径：2.8厘米
足径：3.2厘米
购买时间：2003年10月17日
购买地点：无锡花鸟市场商铺
成交价格：60.00元

569.山水纹四方型花盆
民国（公元1911-1949年）
高：6.3厘米
足径：5.2×5.2厘米
购买时间：2005年8月28日
购买地点：苏州文庙地摊
成交价格：180.00元

实样览要

· 名人彩绘的一缕新风
晚清民国瓷器制作进入机械化生产，同时在彩绘装饰艺术上更推崇古画笔意。器表纹饰深受同时代水墨名家的影响，或更有名人名家参与，器物上采用的书画一体的表现形式，有很高的艺术造诣，也形成了独特的时代特征与风格。

490.方家珍

570.万云岩

563.汪友棠

596.何许人

570.五子登科纹罐（万云岩画：适合纹样展示）
民国（公元1911-1949年）
高：10.2厘米
口径：4.8厘米
足径：6.6厘米
购买时间：2006年12月30日
购买地点：上海方浜中路路边地摊
成交价格：130.00元

571.五子登科纹觯瓶
民国（农历丙寅嘉平月·公元1927年）
高：13.7厘米
口径：8厘米
足径：6.9厘米
购买时间：2002年3月23日
购买地点：北京鲁谷西路旧货市场商铺
成交价格：60.00元

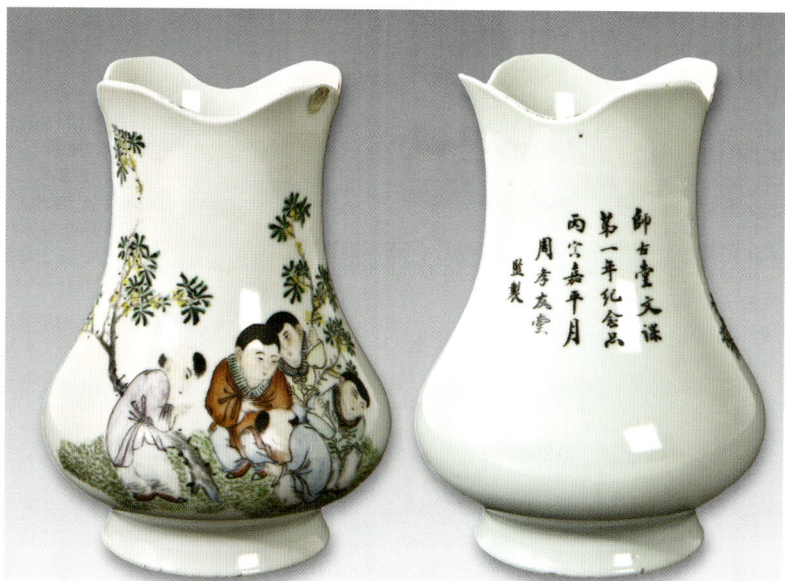

[陶瓷考辨] 更接近于画的新彩

注意的是，粉彩还有一种称之为"新彩"，这是清末民国时期从西洋进口的。向焯著《景德镇陶业纪事》记载，当时景德镇的颜料店，"约有十余家，所售有本国颜料与洋料之分。昔时陶业，均用本国颜料，色彩鲜明，经久不变。近来洋料输入，比之国货，色深尤艳，且便渲染，工人多乐用之，唯经久不及焉。"粉彩料有国料和洋料之分别，"经久不及"就是说新彩色容易退色。彩绘的图案在视觉效果上，传统粉彩更接近五彩，而新彩更接近于浅绛彩。朱裕平先生在其所著的《中国瓷器鉴定与欣赏》一书中，对新彩瓷有一段描述："新彩瓷画与传统粉彩相比，更接近画，他们的作品无论在造型、线条、光线、色彩等方面都吸取了近代画的营养，完全可以比肩于画在纸、绢上的作品。"特别是人物画在有了新彩之后，由于易于仿油画、版画的艺术效果，故又有了更好的发展。

573.竹兰奇石图碗
民国（公元1911-1949年）
高：5.5厘米
口径：12.5厘米
足径：4.5厘米
购买时间：2010年9月
购买地点：上海藏宝楼地摊
成交价格：1200.00元（两只）

572.春宫纹水丞
民国（公元1911-1949年）
高：5厘米
口径：4厘米
足径：4厘米
购买时间：2007年3月29日
购买地点：北京古玩城商铺
成交价格：1200.00元

574.仕女纹笔筒
民国（公元1911-1949年）
高：11.1厘米
口径：6厘米
足径：6.2厘米
购买时间：2006年4月5日
购买地点：合肥市文物商店
成交价格：300.00元

575.人物纹撇口瓶（王琦制）
民国（公元1911-1949年）
高：34.2厘米
口径：9厘米
足径：8.5厘米
购买时间：2004年9月19日
购买地点：上海藏宝楼地摊
成交价格：1800.00元

四编

近代晚清（1840）至民国时期

实样览要

· 新彩的绘画效果

新彩是清末民国时期从法国和日本进口的，旧称洋彩，但这个洋彩已不是清早期洋彩的品种。其手工绘画特点为，在瓷面上直接作画，表现技法和风格与水彩画相近，在民国日用瓷装饰上很普遍。

572.秘戏

570.五子登科

574.仕女

571.五子登科

景德镇粉彩博古纹壁瓶

景德镇粉彩花鸟纹壁瓶

景德镇喷印菊花纹包袱壁瓶（两只）

576.色釉、彩瓷挂壁瓶
民国（公元1911-1949年）
购买时间：1994年1月—2002年5月
购买地点：各地古玩地摊
成交价格：1200.00元（13件）

石湾窑绿釉金鱼陶塑壁瓶

附：清康熙五彩壁瓶对比图

577.五彩描绘挂壁式笔插
清康熙（公元1662-1722年）
底：11×9.7厘米
购买时间：2001年5月6日
购买地点：北京琉璃厂商铺
成交价格：600.00元

[淘瓷考辨] 瓷器的收藏，应该弄清楚产地，但更要识别窑场

识别窑场的方法是看胎骨和看工艺。例如吉州窑、漳州窑、潮州窑包括德化窑有个别中温烧制的产品均有开片釉，但胎与胎、开片与开片之间还是有明显差别的。晚清民国时期除景德镇窑外，吉州、漳州、潮州、磁州以及众多地方及少数民族地区窑场都有烧造瓷器，而且有的窑场就是沿用历史上元明时期传统的造型和烧造工艺，所以不识窑场很容易把一些地方窑场烧的晚清民国的瓷器误认为是元明时期的产品。窑场搞混了，你一定会误断，也一定得多缴学费

景德镇喷印玫瑰花纹壁瓶　　景德镇粉彩花鸟纹壁瓶　　景德镇浅绛彩山水纹壁瓶　　景德镇喷印玫瑰花纹壁瓶

德化窑喇叭花纹瓷塑壁瓶　　景德镇黄彩佛手瓷塑壁瓶　　景德镇绿彩喇叭花瓷塑壁瓶　　景德镇喷印玫瑰花纹扇形壁瓶

实样览要

·开片与开片之间是有差别的

景德镇开片淡雅，吉州窑开片粉红，漳州窑偏黄，宋德化窑的裂纹小开片，它们之间释放的信号对认识窑场很重要。

178.景德镇

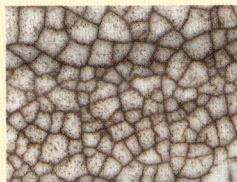

200.吉州窑

215.漳州窑

288.德化窑

578.景德镇粉彩花鸟纹挂壁插瓶
民国（公元1911-1949年）
长×宽：21.6×19.1厘米
厚：3.3厘米
购买时间：2003年3月4日
购买地点：上海藏宝楼地摊
成交价格：700.00元

579.景德镇粉彩花鸟纹挂壁插瓶
民国（公元1911-1949年）
长×宽：21.6×19.1厘米
厚：3.3厘米
购买时间：2004年7月3日
购买地点：贵阳市古玩地摊
成交价格：80.00元

580.景德镇粉彩花鸟纹挂壁插瓶
民国（公元1911-1949年）
长×宽：22×19.4厘米
厚：3.2厘米
购买时间：2002年7月21日
购买地点：上海藏宝楼地摊
成交价格：320.00元

581.景德镇粉彩花卉纹挂壁插瓶
民国（农历甲寅·公元1914年）
长×宽：22.5×18.7厘米
厚：2.8厘米
购买时间：2002年9月21日
购买地点：南京朝天宫地摊
成交价格：180.00元

[淘瓷考辨] 非语言符号的学习要循环往复

懂鉴定，就要识对方，"识"则需要反复地读书、实践、认识、比较。鉴定是什么？鉴定是一种技能，还是一种能力。我们认为，更重要的是反映人的一种学习和实践的能力。读书是掌握前人已总结的知识和经验，而实践才能得到真知，非语言符号的熟悉和掌握，应该是一个由感性认识到理性认识，不断循环往复的过程。

582.景德镇金彩菊石纹水丞
民国（公元1911-1949年）
高：4厘米
口径：2厘米
底径：5厘米
购买时间：2008年4月17日
购买地点：北京天雅古玩城商铺
成交价格：650.00元

583.景德镇浅绛彩人物纹水丞（吴少峰作）
民国（农历丙子·公元1936年）
高：7.7厘米
口径：1.7厘米
足径：4.7厘米
购买时间：2002年6月1日
购买地点：上海藏宝楼地摊
成交价格：160.00元

585.景德镇乌金釉笔筒（福星荣号款）
民国（公元1911-1949年）
高：12.2厘米
口径：7.4厘米
足径：7.2厘米
购买时间：2004年4月4日
购买地点：上海藏宝楼地摊
成交价格：280.00元

584.石湾窑鳝鱼黄釉镗锣洗
民国（公元1911-1949年）
高：6厘米
口径：15厘米
足径：11.5厘米
购买时间：2009年10月9日
购买地点：上海云洲古玩城商铺
成交价格：1000.00元

587.宜兴紫砂砚
民国（公元1911-1949年）
高：2厘米
底径：9.9厘米
购买时间：2004年6月19日
购买地点：上海藏宝楼地摊
成交价格：60.00元

586.景德镇霁蓝釉水丞
民国（公元1911-1949年）
高：1.6厘米
口径：2.5厘米
足径：2厘米
购买时间：2006年3月18日
购买地点：上海藏宝楼地摊
成交价格：60.00元

588.景德镇仿乾隆青花七仙女人物纹盘
民国（公元1911-1949年）
高：5.5厘米
口径：25.5厘米
足径：12.5厘米
购买时间：2006年3月23日
购买地点：浙江周行古玩商铺
成交价格：1000.00元

589.景德镇仿康熙青花人物纹盘
民国（公元1911-1949年）
高：2厘米
口径：26厘米
足径：14厘米
购买时间：2006年7月24日
购买地点：北京古玩城商铺
成交价格：1万元（两只）

590.景德镇青花文字盖罐
民国（公元1911-1949年）
高：14厘米
口径：10厘米
足径：8厘米
购买时间：1999年2月17日
购买地点：北京亮马河古玩商铺
成交价格：600.00元

591.景德镇青花珊瑚红锦纹碗
民国（公元1911-1949年）
高：11厘米
口径：22厘米
足径：9厘米
购买时间：2010年9月22日
购买地点：北京天雅古玩城商铺
成交价格：4000.00元

592.茶叶末釉竹节形笔筒
民国（公元1911-1949年）
高：8.4厘米
口径：7厘米
足径：7厘米
购买时间：2009年7月27日
购买地点：上海藏宝楼地摊
成交价格：200.00元

593.景德镇珊瑚红水丞
民国（公元1911-1949年）
高：5.4厘米
口径：2.2厘米
足径：5.2厘米
购买时间：1998年9月22日
购买地点：南通文物商店
成交价格：150.00元

594.景德镇印花皂盒
民国（公元1911-1949年）
高：3.6厘米
底径：10×7.5厘米 （陈兴发造）款
购买时间：2005年3月19日
购买地点：上海藏宝楼地摊
成交价格：150.00元

595.景德镇新彩仕女撇口瓶
民国（公元1911-1949年）
高：8.8厘米
口径：3厘米
足径：3.8厘米
购买时间：2001年11月28日
购买地点：南京朝天宫地摊
成交价格：30.00元

596.景德镇粉彩雪景图笔筒（何许人画）
民国（农历壬申·公元1932年）
高：13.4厘米
口径：12.1厘米
足径：12.1厘米
购买时间：2002年11月8日
购买地点：歙县古玩商铺
成交价格：1200.00元

597.宜兴紫砂提梁壶
民国（公元1911-1949年）
高：9.5厘米
口径：5.6厘米
足径：8厘米
购买时间：2012年12月5日
购买地点：昆明护国路古玩城商铺
成交价格：600.00元

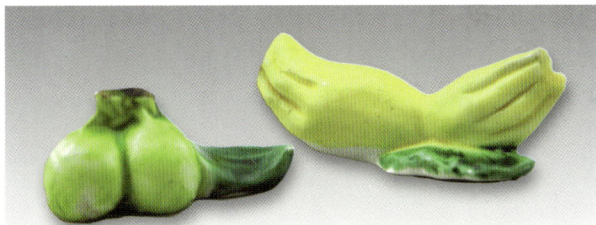

598.景德镇仿生瓷
民国（公元1911-1949年）
购买时间：2006年9月2日
购买地点：上海藏宝楼地摊
成交价格：100.00元（两只）

实样览要

·要学会对"粗瓷"说不

目前市场上如果说有95%以上是赝品的话，那么另外5%中的95%以上应该说都是对个人收藏价值不大的瓷器。主要是制作粗糙的日用瓷，保存不完整的一般日用瓷，以及瓷业低迷时期产生的一些质量不高的瓷器。不要见了就是好，要学会说"不"。

11.西周原始瓷

155.元龙泉

161.元灯盏

587.民国紫砂砚

599.景德镇五彩童子牧牛瓷塑
民国（公元1911-1949年）
高：19.4厘米
购买时间：2013年2月2日
购买地点：上海藏宝楼地摊
成交价格：7000.00元（连花梨木座）

[淘瓷考辨] 搞收藏要更知其所以然

我们找工作要填写个人简历，姓名、性别、年龄、籍贯等等，别人看了能了解"投档"人的基本情况，也可以掂出"投档"人的份量。藏品也是这样，要能说出它的品名、年代和籍贯。"籍贯"也就是它是什么地区和窑场的产品，不了解"籍贯"的弊端主要有三点：一是受认识的局限，辨伪识真的能力受到限制，会制约收藏行为；二是对一些专业不太成熟的人士而言，往往会犯"一叶蔽目，不见泰山"的毛病，更容易把真东西当假货；三是由于对产品的历史和文化的价值不了解，也会在价格把握上发生偏差。所以搞好收藏就应当主动去弄清楚藏品的"籍贯"，这就要求收藏者要学会对自己的藏品有一个不断"温故而知新"的学习过程。通过掌握藏品的"籍贯"，了解藏品的出生历史，在真正意义上弄明白藏品的历史价值、文化价值和投资价值，通过提升对品牌文化的理解，也切实提高自己的欣赏能力。

601.景德镇粉彩人物像
民国（公元1911-1949年）
高7厘米、高11厘米
购买时间：2012年12月5日
购买地点：昆明护国路古玩商铺
成交价格：100.00元（三件）

600.景德镇粉彩童子瓷塑像
民国（公元1911-1949年）
高：19.8厘米
购买时间：2004年6月26日
购买地点：上海藏宝楼地摊
成交价格：120.00元

602.景德镇素三彩铁拐李瓷塑像
清光绪（公元1875-1908年）
高：13厘米
底长×宽：4×6厘米
购买时间：2005年5月2日
购买地点：北京劲松古玩店商铺
成交价格：1600.00元

603.石湾窑素三彩陶渊明瓷塑像
晚清（公元1840-1911年）
高：24厘米
购买时间：2013年5月25日
购买地点：南京朝天宫商铺
成交价格：1800.00元

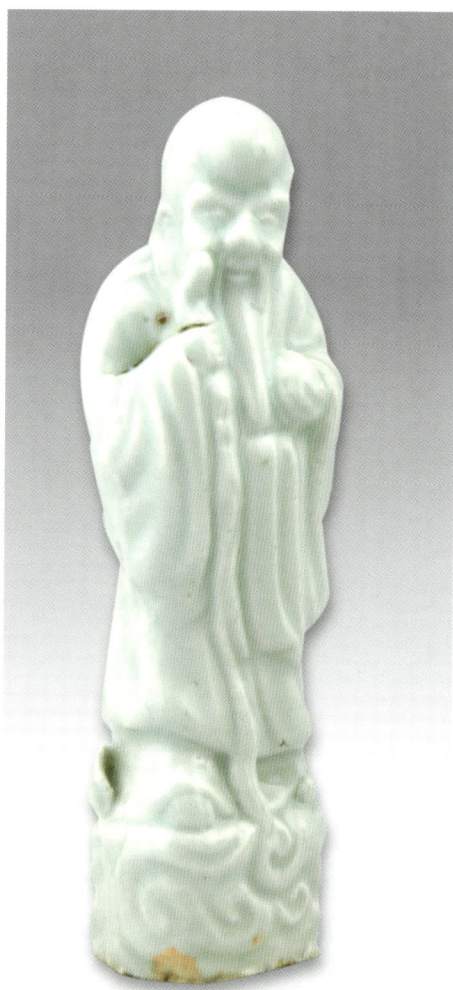

604.德化寿星瓷塑像
民国（公元1911-1949年）
高：13.2厘米
购买时间：2011年12月27日
购买地点：北京潘家园地摊
成交价格：80.00元

605.石湾窑素三彩姜太公钓鱼瓷塑像
晚清（公元1840-1911年）
高：16.4厘米
购买时间：2013年5月25日
购买地点：南京朝天宫商铺
成交价格：2200.00元

606.景德镇青花弥勒佛菩萨像
民国（公元1911-1949年）
高：15厘米
购买时间：2011年6月21日
购买地点：上海多宝楼商铺
成交价格：3800.00元

607.景德镇粉彩弥勒佛菩萨像
民国（公元1911-1949年）
高：6.6厘米
购买时间：2013年5月25日
购买地点：南京朝天宫商铺
成交价格：50.00元

608.景德镇粉彩世俗女子塑像
民国（公元1911-1949年）
高：22.5厘米
购买时间：2013年6月15日
购买地点：上海藏宝楼商铺
成交价格：1300.00元

609.景德镇粉彩蓝采和瓷塑像
民国（公元1911-1949年）
高：18.4厘米
购买时间：2011年11月13日
购买地点：上海藏宝楼地摊
成交价格：50.00元

实样览要

·彩瓷雕塑追求画的效果

明清早期的瓷雕更注重瓷质对物体的形感和塑感，粉彩装饰技法创造性运用之后，描和绘对陶瓷影响越来越明显，使陶瓷雕塑更接近于绘画的形式。

248.达摩菩萨像

251.香薰狮钮

254.老子乘牛

464.草莓

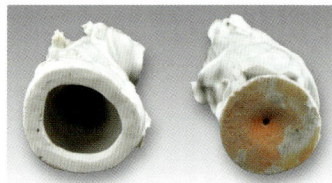

610.德化窑观音菩萨像
晚清（公元1840-1911年）
高：20厘米　21厘米
购买时间：2003年1月12日
购买地点：宁波范宅古玩商铺
成交价格：1800.00元（两尊）

[淘瓷考辨] 鉴定是一门技术，赏是一种文化

　　"鉴"与"赏"是有区别的，鉴是一门技术，赏是一种文化。但鉴与赏相互包容，技术与文化又相互渗透。每一位搞收藏的朋友喜好或研究的领域各有侧重，价值取向也有所不同，但之所以能通过收藏有所裨益，很重要的方面，就是他们在丰富的鉴赏实践中注意汲取工艺、造型、历史、艺术等等方面的知识，并形成了对鉴赏对象独到的认识，这一点，是共同的。鉴赏都有自己的专业擅长，擅长与擅长之间存在着差异，这种差异，实际上是个人的独特性，是别人不能替代的。差异也是一种动力，收藏爱好者充分做好做足这种差异，也就能更好地发挥自己的独特性，凸显自己在专业领域内的优势。我们同时也应该明白，文物鉴赏知识面广，包罗万象，什么都懂是不可能的，所以要十分尊重这种差异性，切忌去把某位的长处，去比另一位的短处，收藏爱好者在收藏界要树立相互学习，相互尊重的好风尚。

611.德化窑弥勒佛菩萨像
清嘉庆-道光（公元1796-1840年）
高: 12.2厘米
购买时间: 2013年1月27日
购买地点: 上海虹桥古玩城商铺
成交价格: 3000.00元

612.德化窑弥勒佛菩萨像
晚清（公元1840-1911年）
高: 13.6厘米
购买时间: 2013年1月27日
购买地点: 上海藏宝楼商铺
成交价格: 400.00元

613.漳州东溪窑持珠弥勒佛菩萨像
清嘉庆-道光（公元1796-1840年）
高: 9.3厘米
购买时间: 2012年11月3日
购买地点: 上海藏宝楼商铺
成交价格: 600.00元

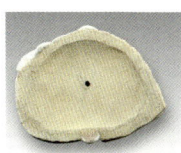

614.云南华宁窑弥勒佛菩萨像
晚清（公元1840-1911年）
高: 10厘米
购买时间: 2012年12月5日
购买地点: 昆明护国路古玩城商铺
成交价格: 500.00元

实样览要

·从原始文明到现代文明

陶瓷的历史就是文化发展的历史。从我们简单例举的实物对比，它带给人们的是一种震撼。一件古陶瓷就是一个历史真实的载体，它所包含的信息，应该很值得让我们花精力去梳理，去听懂和欣赏它们自己叙述的故事。以下两组器物跨年代对比可见一斑。

1.春秋盖罐

523.同治盖罐

15.春秋青釉盘

522.同治粉彩盘

后　记

　　一次古玩市场的相遇，让有着共同爱好的我们从此成为莫逆之交。我们并不是古玩行业的专家，甚至可以自嘲为古玩界的草根一族，完全凭借着自己对古代瓷器文化的满腔热忱，执著地学习、不断地摸索、逐步地提高。在我们的收藏之路上，遭遇过打眼，但是完善了知识；收获过喜悦，从而增加了信心；付出过艰辛，却更坚定了对这门爱好的坚持。可以说，我们是在收藏中学习，在学习中收藏，两者反复交替，融会贯通。在这一共同的爱好中，我们积累了一些经验，其一方面源于书本知识，而另一方面则源于我们的亲历。当我们在考辨古陶瓷时，会碰到许多很难用语言表述的现象，这种感觉和现象如何用文字来表述，我们概括为"非语言符号信息"这一概念应该是恰当的。

　　这本书里我们挑选了15年来瓷器收藏的一些藏品，共计742件（成交价格127.572万元），按各历史时期进行了分类梳理，并通过对器型、釉饰等非语言内容的多角度对比和跨年代的实样图解，以求在实物的载体上探讨对"非语言符号"状态的识别。我们出版本书的目的，也是有这样的想法，希能通过"抛砖引玉"，引起收藏界对古陶瓷"非语言符号"的内容特征和在鉴定方面的价值特征的重视与讨论。我们非常感谢上海出版界资深编审方立平老师对本书出版内容的策划，并不厌其烦地与我们反复沟通；同样十分感激叶福芳老师对藏品鉴定并在淘瓷过程中的热情指导与帮助；感谢《检察风云》设计总监俞志浩以及吴振平、李寅飞、王梦迪、谷昀等同仁的大力支持，以及杨岳卿、黄鹏程为藏品摄影提供的精湛图片；感谢褚晨波先生、方舟先生在内容设计方面所做的杰出工作；特别是祝君波副局长不仅在百忙之中为本文库作总序，而我们更应感谢他对民间收藏创意活动的一以贯之的重视与支持。是大家的尽心尽力使这本书得以顺利出版，也使我们的梦想得以延续。

　　在收藏的道路上，我们依旧不会止步，我们也永远是个学生，就仿佛浩瀚沧海中的浪花一朵，有着更多的东西等待着我们继续探寻。为了图书出版后与读者便捷沟通、继续探索，我们特别授权"检察风云杂志"官方微信以"淘瓷知识讲座"栏目每周六推送"一周一讲"，我们期待您的观注。同时，我们也怀着忐忑的心情接受广大读者尤其是中国古代"瓷器收藏爱好者"的指正与建议！

二○一三年七月二十六日

图书在版编目（CIP）数据

淘瓷考辨览要:742件实样非语言符号图解/许国
良,吴元浩著． —上海：上海三联书店,2013.8
（盛世中国·大收藏文库/方立平主编）
ISBN 978-7-5426-4306-3

Ⅰ.①淘… Ⅱ.①许… ②吴…Ⅲ.①瓷器(考古)
—考辨—中国—图解 Ⅳ.① K876.34-64

中国版本图书馆 CIP 数据核字（2013）第 174367 号

淘瓷考辨览要——742 件实样非语言符号图解

著　　者 / 许国良　吴元浩

藏品鉴定 / 叶福芳

责任编辑 / 方　舟
封面设计
装帧设计 / 居鼎右 ARK 文化设计苑
设计总监 / 方　舟　俞志浩　褚晨波
监　　制 / 李　敏
责任校对 / 张大伟
校　　对 / 莲　子
特约编审 / 方立平

出版发行 / 上海三联书店
　　　　　（201199）中国上海市都市路 4855 号 2 座 10 楼
网　　址 / www.sjpc1932.com
邮购电话 / 24175971
印　　刷 / 上海铁路印刷有限公司

版　次 / 2013 年 8 月第 1 版
印　次 / 2013 年 8 月第 1 次印刷
开　本 / 889×1194　1/16
字　数 / 400 千字
印　张 / 15.5

书　号 / ISBN 978-7-5426-4306-3/G · 1276
定　价 / 128 .00 元